国を愛する地方議会づくりへ！

――翔んで春日部・熱烈正論

春日部市議会議員

井上 英治

知玄舎

目次

はじめに

　今回の出版は、私にとって、二度目となります。第一回目の著書「黒帯背負って、市議会へ」（ココデ出版 ISBN978-4-908836-00-8）は 2016 年 5 月に上梓しました。そして関係者、関係団体だけでなく、インターネット通販の Amazon や春日部市内に有るララガーデン書店リブロにも置いて頂きました。

　その切っ掛けは、日本会議地方議員連盟で、伊勢神宮参拝の帰りのバスの中、日本会議国会議員懇談会事務局企画部次長の藤井 勝さんが参加各議員から挨拶を貰うと言う事で、マイクを回した際に私の経歴を簡単に紹介してくれました。その際、日本会議では珍しい労働組合出身であること、ＪＲ（昔の国鉄）の分割民営化に携わっていたこと、を話ししたところ、桜井秀三松戸市議会議員が私に一言。「そういう話は残してた方が良いよ……」でした。

　そこで発奮し、私の子供そして孫達が誤った道を歩まないように出版に取り組むことにしたところ、元民社党政策審議会事務局長の梅沢昇平尚美学園大学名誉教授から出版社を紹介していただき、高池勝彦弁護士（新しい歴史教科書をつくる会会長）からも推薦の辞を頂き無事書店に並べることができました。

　しかし、当時私が宮代柔道クラブ館長を兼ねて、会長を務めていた「埼玉寝技研究会」主催で、「立ち技禁止」の少年寝技大会も参加者 300 人を超える盛況であったことから、欲張って「寝技の打ち込みの開発と解説」など柔道をやっていない一般の方には興味のないことも記載したことから、政治面は手薄になってしまいました。

　この反省を踏まえ今回は、私の本職である「春日部市議会」を主な材題とし、私の議会発言も載せて、二冊目を上梓することにしました。

　一言でいえば、地方議会はマスコミから取り上げられるボリュームが国会と比べれば格段に少ないことから市民の関心も低くなりがちで、投票率は市民の意見が割れるような大きな争点がない限り 30％台であり、役所が発行する「議会だより」等も通り一遍の内容です。そのため、何が問題なのか、議員同士ではドンナ意見の違いがあるのか、

自分の支持する議員を決めるための判断材料を議会論戦の中から果たして見つけることができるのか、はっきりしません。議会ホームページの中に録画はありますが、投票率の比較的に高い高齢者が見ているのでしょうか、疑問といえるでしょう。

　私の細やかな努力の証として、年4回有る市議会のたびごとに「市政レポート」を約1万枚程度ポスティングしていますが、資金量から市内全域とは行かず、その場限り（その議会毎）の話題で終わってしまいます。また、春日部市内の話題に限定しないと政務活動費の対象にならないから、どうしても記事の内容は狭くなってしまいます。また、私は今3期目の半ばですから議員歴10年の経験を振り返ってみて、その間の忘れてはいけない問題の視点をまとめてみる必要がある、と感じたからこそ、第2回目の出版を試みました。

　読者の皆様からの「ご意見」「ご感想」をお待ちしております。

第一回目の著書「黒帯背負って、市議会へ」（2016年5月、ココデ出版）のカバー

■井上えいじ2期目までにやり残した事。

● 春日部市立医療センターの診察ネット予約の実現と待ち時間の短縮。そして経営健全化。

● 予約制デマンド（定額・乗合）タクシーの早期実現で障がい者、高齢者の通院、買い物支援を。

● 鉄道高架は雨天時、傘不要など便利で特色ある駅づくりを。

● 春日部駅東口商工センター跡地活用は、観光バス発着場ビルの建設を提案。

● 県内初の国道16号『道の駅』設置で春日部飛躍のチャンスを。

● 都心へのアクセス向上と都市の魅了アップで人口減少を食い止める。快速電車復活を。逆に、日比谷線の快速電車化を。

● 税金の無駄使いを無くして、土地開発公社所有地や市有地などの売却、有効活用を。

● 市議会の議案審議方法の改善と市議会議員定数削減。

● 中学校公民、歴史教科書の採択は「もっと日本が好きになる教科書」を。　等々

地域の声を行政へ…!!

皆さんの生活を守るため頑張っています。

櫻井よし子さんの
集会に参加し勉強する

市議会を前に、決意新たに…!!

第1章　地方議会の現状──議員達の活動実態と背景

1．地方議会の現状

(1)　世話役活動と自由討議

　現在、日本国に有る市区町村自治体の数は 814 ですから、市区町村地方議会数は 814 ある事になります（プラス 47 都道府県の議会）。全国市議会議長会の次の表のように（令和元年 7 月集計）によれば、その構成実態は、党派別では自民党 2,393 人、公明党 2,235 人、日本共産党 ,1768 人、立憲民主党 401 人、国民民主党 227 人、維新 121 人……に対して無所属は 10,733 人（約 56％）……であり、圧倒的に無所属が多い——。

　と言う事は「国の政治に無関心＝ノンポリ議員」が多いと想像できます。おらが村、俺らが町の道路、溝の改良を代弁する、あるいは役場や役所への不満の吸い上げ、と言った本来の住民の世話役活動を行う議員が多いという事です。

　しかし、地域問題への注力のため、あるいは国政への無関心のために、党派から「沖縄問題」「安保法案」「憲法改正」「原発」「慰安婦」等の問題について、地方議会に請願や意見書と言った形で態度を迫られた場合、「黙り込む」か「急いで新聞を読み返す」と言う事になります。少し込み入った問題となると、執行部に原稿書きを依頼する事になります。議員提出意見書に対して質疑を挑み、論破するなどと言う事には滅多になりません。

　つまり、言論の場である議会は「議員同士の活発な意見交換の場」ではなく、議員の

市議会議員の属性に関する調（令和元年 7 月集計）（抜粋）

全国市議会議長会総務部

4　議員の所属党派

性別	党派別内訳									
	無所属	自由民主党	公明党	日本共産党	国民民主党	立憲民主党	社会民主党	日本維新の会	自由党	その他
男性	9,614	2,213	1,538	1,069	195	282	171	98	1	588
女性	1,119	180	697	699	32	119	27	23	0	224
合計	10,733	2,393	2,235	1,768	227	401	198	121	1	812
(割合)	56.8%	12.7%	11.8%	9.4%	1.2%	2.1%	1.0%	0.6%	0.0%	4.3%

※その他には、党派不明が含まれる。

体面を汚す事の無い「執行部答弁の場」に成り下がっていると思えるのです。

　全国市議会議議長会の全国市議会旬報2020年1月25日号によれば、議員間自由討議を規定しているのは510市区ですが、規定はしているものの実際に本会議で行った市区議会は、19市区のみと言う調査結果がでています。

(2)　政治的意思表明をしない議員が多いのは、なぜ？

　この状況は1970年代の大学紛争時の空気に酷使している。全共闘の革命ごっこ・左翼運動のため学校はロックアウトで授業は1年間近く行われなかったにも拘わらず、授業料は徴収されていました。学校校舎や学生会館は全共闘に乗っ取られて事務所代わりに利用され、全共闘の活動資金は自治会費から支給されるという有様でした。そして、大学の生活協同組合も同様で、左翼学生陣営の活動拠点化していたのです。私も中央大学生協の学生理事をやっていましたが、東京のど真ん中の「お茶の水駿河台」に有りながら、事務所代は無し、電話は掛け放題、右派学生運動のビラ印刷代は無し、と言う恵まれた環境（？）で学生運動が出来たのです。これが「大学の自治」の現実で、大学教授は学生を野放しにしていたのです。対抗する右派（当時は確か民族派と呼ばれていた）は、大きな勢力を結集できなかった。その中間に多数の「ノンポリ」と呼ばれる運動に参加せず。且つ立場を表明しない「無関心層」がいた。このノンポリ層は多数であるにも拘らず力に成る事はなかったのです。その現象が、地方議会にもあるのです。議員なのだから「政治的意思は明確だろう……」と思うのはかってですが、自分の支持する議員に聞いてみたら、直ぐにわかるでしょう。答えは、ノ─です。何故なら、議員の支持者の中には、議員と違う考えの方も必ずいるからです。そこで論戦を交えれば、次の選挙では票が期待できなくなります。議員を続けようと思えば、当選回数を重ねようと思えば、ハッキリと政治判断を言わないのが得策となりかねません。この傾向は、年齢の若い議員でも変わらないように思えます。実は、ここが肝で有り、大問題なのです。

(3)　武漢ウイルス騒動であらわになった日本の平和ボケ

　一見、地方議員には無関係のように思われる政治課題でも、地方議員なりに勉強しておく必要がある事案が沢山あります。今（令和2年春）、日本中が「武漢ウイルス」で揺れに揺れています。お気の毒に、タレントの志村けんさんや、女優の岡江久美子さんのように、中にはウイルス感染により亡くなった方もおられます。この対策として緊急

事態宣言が4月7日（令和2年）、安倍総理より発出されました。対象地域は埼玉、東京、神奈川、千葉、大阪、兵庫、福岡の7都府県で、期間は5月連休の最終日の6日まで特措法に基づく初めての事態です。その後5月末まで延長となり、5月25日で全面解除となりました。その後5月末まで延長となりましたが、しかし、テロ発生等のときに国民の私権を制限する非常事態宣言と違い、出来ることは限られています。

「医薬品や食品事業者が物資隠匿、等をすれば罰金、懲役など」「臨時医療施設開設時の地主の同意不要」を除けば、政府や知事は「国民に不要不急の外出自粛を要請する」ことぐらいしか出来ず、諸外国のように「国民に強制し、違反すれば罰則を科す」ことや「都市封鎖する」ことは特措法（改正新型インフルエンザ等対策特別措置法）を改正成立させても、現在の日本の法制上「要請」「指示」しか出来ないそうです。3.11東日本大震災時に、救急車両が優先通行やガソリンの優先供給を受けられなかった教訓は、いつ解消されるのでしょうか。

しかし一般市民の中には、自粛要請の最中でも呑気に、感染が酷いといわれたイタリアやスペインに卒業旅行に行ったケースがあったと聞きました。3月22日には格闘技イベントのK-1がさいたまスーパーアリーナで開催され、6500人もの人が集まりました。さらには、神戸西警察署では、3月27日居酒屋で、署長、副所長とも出席した歓迎会が行われ、警察官10人がウイルスに感染。120人を自宅待機させ、県警から応援をもらう羽目になった、とのニュースもありました。

緊急事態宣言を延長するかどうかの議論が報道されている最中の5月1日のことです。すでに感染が少なかった岩手県では「観光に来ないで」という呼びかけをしていたようですが、山梨県においても、来県自粛要請が出されました。そんな状況において、東京に住む20代の女性会社員の方が4月26日に味覚・臭覚異常を覚えた状態で4月28日まで都内の会社に勤務した翌日、実家のある山梨県に高速バスで帰省しました。味覚異常があったわけですが、実家に戻ると、県内の友人4人と4月30日にバーベキューを楽しんだあとの5月1日、検査を受け翌2日9AMに陽性が判明しました。ところが彼女は、陽性を聞いた1時間ほどあとの10：20AMに、何と高速バスで東京に帰るという事実がありました。その結果、山梨県内の20代男性にウイルスを感染させてしまいました。

この事実を振り返ると、平和ボケ丸出しと言わざるをえません。日本国中がこんな状

態とは言えませんが、諸外国と比べると日本の平和ボケがコロナ騒動であらわになったのではないでしょうか。人権を重視するフランスでさえ、必需品の買い物を除いては外出禁止、通行書が必要となっているほどです。日本の対応の緩さは、すでに 1 月 29 日、武漢より政府チャーター便で帰国した 2 名が、検査を拒否して帰宅する事を止められなかった事実によく現われています。

(4)　憲法改正が早急に必要なのは 9 条と「非常事態条項」

　どうしてこのような緊急時に日本の対応が緩いのか？　その理由は、現在の日本国憲法に「緊急（非常）事態条項」の規定がないからです。大正 12 年の関東大震災時、東京と 3 近県に戒厳令が発令されました。平時の法律を停止し行政権、司法権の一部を首相が掌握して治安維持を図るためです。しかし、明治 15 年の太政官布告 36 号としての戒厳令は、現在の日本国憲法発布後に排除されてしまった（加地伸行大阪大学名誉教授）と言うのです。

　ところが、東京都知事選挙に立候補し日弁連の会長でもあった左翼弁護士の代表格、宇都宮健児弁護士は、「特措法と緊急事態宣言には反対だ。行政権が強化され、個人の基本的人権が制限されるためだ」と現実離れした発言をしています（2020 年 4 月 5 日産経新聞 7 P）。国民民主党の原口一博国対委員長に至っては、記者会見で「今ある法律でやれることをやらない人たちが、緊急事態条項というふうに飛ぶのは本末転倒、頭と尻尾がさかさまではないか」（産経新聞 2020 年 4 月 14 日 6 P）とまで言っています。

　だから私は、市民の命と財産を守るために、現在の日本国憲法改正は、9 条と共に「非常事態条項」も盛り込んだ改正を国民投票で問うことが必要だと主張しています。いち地方議員と言えども、憲法改正議論から逃げてはならないと考えます。

　安全保障・外交などと国政に関わる大きな問題でなく、身近な地方議会運営についても同じことが指摘できます。今回の武漢ウイルスにも言えます。政府が「3 密を避ける」「外出自粛」「遊興施設・商業施設等に休業要請」を呼び掛けている最中、埼玉県内では今年 4 月だけでも坂戸市長選挙と市議選が、そして松伏町議選、志木市議選が行われています。他県でも例えば、栃木県矢板市長選、新潟県佐渡市長選、岐阜県下呂市長選挙等が行われました。地方議会も 3 月議会が議場という密封空間の中で開会されています。首長・各部長以下の執行部や議員の感染防止をどう考えているのでしょうか。

　これは地方自治に非常事態（緊急事態）時の規定がないからです。地方自治法第

113条では、議会開会は議員定数の半数以上で成立し「議員定数の半分以上の議員が議場に出席していなければならない」とあり116条第1項では「出席議員とは、採決の際、議場にある議員」としています。

これは国会でも同様です。憲法56条が衆参両院の本会議開会について総議員の三分の一以上と定めているため、4月10日の衆議院議運理事会では「本会議、委員会の採決時」を除いて「離席を認める」ことを決め出席者を絞り、離席議員は中継で質疑を見守り採決時に参加する（4月11日付産経新聞）としたと報道されています。非常事態（緊急事態）時に、多数の国会議員が怪我や病気、交通遮断などで国会位に行けなくなって、国会が機能しなくなったりしたら国家の一大事です。これは、地方議会の運営を定めた「地歩自治法」も同様です。議員と首長以下の執行部が、議場に参集し、扉を閉鎖して、特別の理由がなければマスクも禁止して会議が始まります。感染症対策の「3密に注意」などどこ吹く風……です。憲法に非常事態（緊急事態）時の規定を定めることを急がなければなりません。それにともない関連法の改正を地方から声を挙げるべきです。

それなのに、2月初めに自民党と維新の会が憲法の「緊急事態条項案」を提案したところ、立憲民主党枝野幸男議員と国民民主党の玉木雄一郎議員、そして自民党の石破茂議員まで「悪ノリだ」と批判したそうです。憲法審査会事務局の人件費だけでも16億200万円掛かっているのに審議せず、「桜を見る会」の5,000万円は怪しからん、と言ってるそうです（月刊WILL2020年5月号、阿比留瑠比）。

2．ノンポリ保守では戦えない──「慰安婦問題」への対応を例に取ると、こういう事になる

　まずは、次の資料（部分）をご覧ください。このような三つ折りのリーフレットが配布され、基金の呼びかけがされています。

　いわゆる従軍慰安婦問題は、日本共産党公認で下関市議選挙で落選した、吉田清治氏が著した偽証言「私の戦争犯罪」を、事実確認調査もせずに掲載した「朝日新聞」の捏造でしたが、その始まりは、当時の宮沢内閣官房長官の河野洋平が、韓国訪問を前にして日韓友好の環境づくりのために策定された、いわゆる「河野談話」が公表されてからでした。その後、朝日新聞はこれを訂正し謝罪しましたが、それは国内だけで、国際版では謝罪も訂正もしませんでした。逆に日本の左翼弁護士や韓国は、国連を利用して従軍慰安婦問題の宣伝に努めたため、嘘があたかも事実であるかのように拡散し、全世界に「日本はひどい国である……」かの印象をもたらしました。

　その誤りを糺すために、桜井よしこ氏は『月刊ＷＩＬＬ 2014 年 4 月号』に従軍慰安婦問題を「捏造記事」と論評しました。すると朝日新聞の捏造記事を書いた張本人である元朝日新聞記者の植村隆氏は、桜井よしこ氏を札幌地裁に 1,650 万円の損害賠償と謝罪記事掲載を求めて訴訟を提起したのです。地裁は 2018 年 11 月請求棄却。植村氏は控訴しましたが 2020 年 2 月 6 日、札幌高裁も控訴棄却。更に控訴する模様ですが最高裁も、おそらくは同様の判断をするでしょう。裁判で勝利した桜井氏は『月刊ＷＩＬＬ 2020 年 4 月号』に「慰安婦捏造裁判、高裁勝利報告」「元凶は朝日新聞」と題する一文を寄せ、要旨次の様に述べています。

①　慰安婦問題と、強制連行の物語は、朝日新聞が社を挙げて作り出したものだ。
②　1982 年 9 月 2 日、朝日新聞に掲載された吉田清治記事がすべての始まりだった。
③　2014 年 8 月、朝日新聞は吉田証言が虚偽だったことを認め、関連記事を取り消

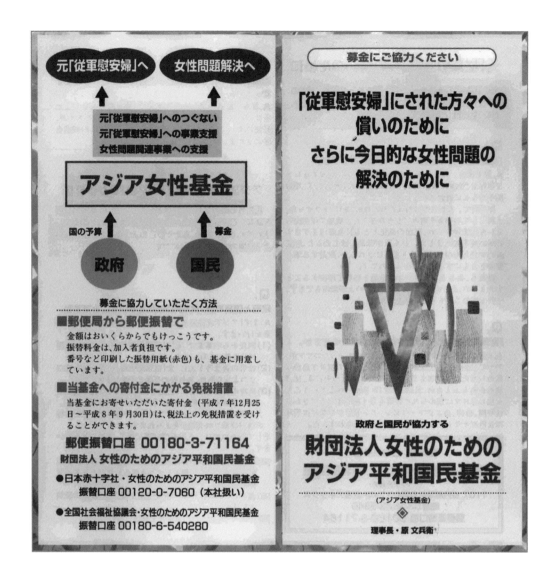

した。

④　植村氏は言論で戦わず100人の大弁護団での法廷闘争を選んだが、言論・報道の自由を愚弄するものだ。

⑤　韓国から「真実の追及に努めたジャーナリスト」が対象の「第7回李永嬉賞」を2019年に受賞しているが、法廷でなく言論で勝負すべきだ。

⑥　一審判決は慰安婦問題が日韓問題にとどまらず、国際問題に発展していることに言及しているが、国際社会では日本を貶める国々・組織は少なくない。

この問題について、私は春日部市の日本会議支部の皆さんと一緒に春日部市議会に請願を行いました。請願を提出したのは平成26（2014）年12月議会でしたが、継続審

議となり先送りされ、翌平成27年3月議会で、なんと保守系会派を含む反対で否決されてしまいました。

その理由が振るっています。

「一地方議会として国の対応に意見をするには、非常にそぐわない内容」だと言うのです。

それでは、今まで取ってきた「純粋に国政問題である外交安保」議案への態度はどう説明するのでしょうか。

例えば、平成22（2010）年12月議会へ提出された「環太平洋経済連携協定（ＴＰＰ）参加への慎重な対応を求める意見書」や「北朝鮮による韓国延坪島への砲撃に対して抗議する決議」に新政の会をはじめとする保守系会派は賛成。平成29（2017）年6月議会に出された「核兵器禁止条例制定のために日本政府が積極的役割を果たすことを求める意見書」にも、やはり保守系会派（新生の会、新風会）は賛成しています。反対理由が「地方議会にはそぐわない」と言うのであれば、これらに対しても反対ないし集団で棄権すべきではなかったのではないでしょうか。そうでなければ、日本の名誉や領土を守ろうという信念、定見がないと言うことになります。そんなことでは、今後左翼が仕掛けるであろう一見平和愛好家的で、一見人権尊重的な事案の本質を、見抜くことなど出来ずに丸め込まれてしまうでしょう。

◇　慰安婦問題に関する適切な対応を求める意見書を国に提出を求めるについて──請願と市議会議事録でみる展開

◎請願と議事の推移

要旨
慰安婦問題に関する適切な対応を求める意見書を国に提出して頂きたい
理由
朝日新聞は本年8月5日、慰安婦問題についての、吉田清治証言と女子挺身隊に関する、これまでの報道について、一部だが虚偽や誤りがあったと認めて取り消した。

しかし、これまでの朝日新聞の記事によって、日本は性奴隷国家との誤った認識を国際的に拡散されてしまった。

よって、国においては、我が国の名誉と信頼回復のために「慰安婦問題を巡る日韓間

元「従軍慰安婦」への償いのために

先の戦争中、日本軍の慰安所で、軍人たちを相手に性的な「奉仕」を強いられた女性たちを、当時「従軍慰安婦」とか、単に「慰安婦」と呼んでいました。

Q.
「従軍慰安婦」の被害とは、どんなことですか。

A.慰安所は、軍人による戦地における女性に対するレイプ事件と、性病の蔓延を防止すること等を目的として、軍の関与のもとに設置されました。

慰安所で、女性たちは将兵たちに性的「奉仕」をさせられ、人間としての尊厳を踏みにじられました。戦地では自由のない生活を強いられ、戦況の悪化とともに生活はますます悲惨の度を加えました。日本軍が敗走しはじめると、慰安所の女性たちは現地に置き去りにされるか、敗走する軍と運命をともにすることになったのです。

戦後も、ある人びとは自分の境遇を恥じて帰国することをあきらめ、あるいは帰国しても、多くの人が結婚もできず、子供を生むことも考えられませんでした。

Q.
「従軍慰安婦」は、どのように集められたのですか。

A.初めは日本国内から集められた女性が多かったのですが、やがて当時日本が植民地として支配していた朝鮮半島から集められた女性が増えました。その人たちの中には、16、7歳の少女もふくまれ、性的「奉仕」をさせられるということを知らされずに集められた事例も多くありました。さらには中国、台湾、およびフィリピン、インドネシアなど占領地の女性やオランダ人女性も慰安所に集められました。

■お問い合わせは■

財団法人女性のためのアジア平和国民基金
（アジア女性基金）
〒107 東京都港区赤坂2-17-42 赤坂アネックス
電話：03-3583-9346
郵便振替口座 00180-3-71164

Q.
政府は、補償の問題は戦後の条約などで解決済みと説明しています。いま「償い」をするのはなぜですか。

A.元「従軍慰安婦」の方々と私たち国民一人一人との和解は、単なる条約上・国際法上の問題としてすませられないことです。道義的な問題、お互いの心の問題は依然として残っています。

Q.
国民から募金を集めるのは、政府の責任逃れではありませんか。

A.「基金」の創設に対して賛否両論が出されていますが、すでに高齢となった元「従軍慰安婦」の方々への償いに、残された時間はわずかです。一刻も早く行動を起こすことが最重要という立場から、現状で可能な「基金」を進めることになりました。

Q.
集められた募金で、どのように元「従軍慰安婦」の方々に償いを行うのですか。

A.「基金」が国民から受け取る募金を、元「従軍慰安婦」の方々へお渡しすることを考えています。その金額や渡し方については、国・地域ごとの事情、本人の立場などを考慮し、決定します。

的な女性問題の解決のために

のやりとりの経緯」や朝日新聞の記事取消しを踏まえた、新たなる「政府談話」を発表すること、等を求める意見書を春日部市議会で提出してもらう事を求め請願するものです。

地方自治法第124条の規定により、上記の通り請願書を提出します。

平成26年11月20日

請願者　春日部市下柳1348-1

日本会議春日部支部

支部長　　染谷　高実

春日部市議会議長　河井美久様

【慰安婦問題に関する適切な対応を求める意見書】

　いわゆる慰安婦問題に関して、朝日新聞は本年8月、これまでの報道について、虚偽や誤りがあったとして、一部を取り消す記事を掲載した。朝日新聞は1982年以来、吉田清治氏の証言として、戦時中「済州島で200人の若い朝鮮人女性を『狩り出した』」との発言や「女子挺身隊の名で強制連行」等と、検証もせず報道し、韓国をはじめとして世界各国に慰安婦の強制連行があったとの誤解を与え続けた。また、これらを受け、政府調査でも、軍が強制連行した証拠は出ていないにも係らず平成5年8月4日、「河野官房長官談話」という形で、国益を度外視する声明が発せられた。その結果、朝日新聞の捏造記事により、慰安婦即ち性奴隷。日本は性奴隷国家との誤解が拡散してしまった。

　そこで、朝日新聞の強制連行の根拠が崩れた今日、対外的、国際的に与えられた誤解を解く努力が必要である。政府におかれては、本年、「河野談話作成過程等に関する検討チーム」が設置され、6月20日には「慰安婦問題を巡る日韓間のやりとりの経緯」（以下「慰安婦問題の経緯」という。）が取りまとめられている。また、朝日新聞は32年の長きに渡り、史実を捻じ曲げて我が国をおとしめておきながら、取消しはしたが国民に対して明確な謝罪の言葉も国際的誤解解消の努力も行ってはいない。我が国の国益を大きく損なう報道を続けた責任は誠に重大である。

　よって、国においては、戦地に赴いた兵士や戦没者の名誉と尊厳を激しく毀損し、我が国の名誉と信頼を著しく悪化させた現状を回復するために、下記の事項を実現するよう強く求める。

記

1　朝日新聞の責務を明確にし、今回の取消し記事や「慰安婦問題の経緯」で確認された事実に基づき、日本国及び日本人の名誉を早急に回復するべく、国際社会に向けて多言語で積極的な発信を行うこと。

2　正しい歴史認識を周知するための広報を推進するとともに、教科書が史実に基づいて記述されるように対応すること。

3　終戦（1945年）から70年、日韓基本条約締結から50年の節目となる来年に向けて、朝日新聞の取消し記事や「慰安婦問題の経緯」の内容を踏まえた新たな「政

府談話」を発表すること。

以上、地方自治法第9条の規定により意見書を提出する。

平成26年12月1日

春日部市議会

衆議院議長　　様

参議院議長　　様

内閣総理大臣　様

外務大臣　　　様

文部科学大臣　様

内閣官房長官　様

◎平成26年請願第17号の不採択の経緯（議事録）

【平成26年12月議会での扱い】

最初に、議事の都合により、総務委員長の申し出のうち、請願第17号 慰安婦問題に関する適切な対応を求める意見書を国に提出を求める請願についてお諮りいたします。

請願第17号については、総務委員長の申し出のとおり閉会中の継続審査事項として、総務委員会に付託したいと思います。これに賛成の議員の起立を求めます。

──起立多数

【平成27年3月議会での扱い】

＊　　　＊　　　＊

○河井美久議長　次に、平成26年請願第17号　慰安婦問題に関する適切な対応を求める意見書を国に提出を求める請願を議題といたします。

本件について討論の通告がありますので、順次発言を許します。

最初に、9番、井上英治議員。

──9番井上英治議員登壇

○9番（井上英治議員）　議席番号9番、井上でございます。慰安婦問題に関する適切な対応を求める意見書を国に提出を求める請願への賛成討論を行います。

請願の内容は、配付文書をお読みいただくとして、総務委員長報告の内容も含めて若干の反論をしたいと思います。

　委員会では、性奴隷国家として日本が批判された例を知らないという発言があったそうでありますが、性奴隷国家日本とのぬれぎぬが国際的に流布されているからこそ、今回の慰安婦問題が出されたわけであります。性奴隷という言葉は、戸塚悦朗弁護士が国連の人権委員会作業部会で主張し、1996 年 1 月のクマラスワミ報告、2007 年のアメリカの下院決議が採用し、これに対して日本政府が反論しないために、カナダや E U の諸国に拡散し、アメリカのカリフォルニア州グレンデール市で慰安婦像が建てられて、性奴隷国家日本との批判が広まってしまったのであります。

　また、2014 年 9 月 27 日付で、日本共産党の本部は、歴史を偽造する者は誰かという論文を発表し、その中で二重の矮小化とくだりで、軍性奴隷制として世界から厳しく批判されていると書いています。党本部の文書を読んでいますか。河野談話は吉田証言を根拠にしていないとか、抗議の強制が問題だとナンセンスな論理のすりかえをする人がいます。そもそも河野談話を作成しなければならなくなったのは、吉田証言と朝日新聞報道であります。吉田証言がなければ朝日新聞が大々的な報道キャンペーンをしなければ、河野談話を出す必要は全くなかったのであります。

　それから、動かしがたい事実があると言う人がいますが、ありません。日本政府の調査だけでなくて、ドイツと日本の戦争犯罪調査のためにアメリカ政府が 35 億円かけ 54 人もの調査担当が実に 8 年間かけて調査した結果であります。I W G 報告書でありますけれども、ここでも無実が明らかになりました。アメリカ政府がまとめた報告書は、慰安婦は売春婦にすぎないとして指摘しています。全く問題はないということであります。日本の過去の過ちを認め謝罪し、反省によって信頼を得るべきだという歴史認識は、中国、韓国の言い分を代弁しているだけで、その議論はとっくの昔に破綻しています。本論に戻れば、昨年 8 月の朝日新聞みずからの記事取り消しによって、これまでの慰安婦論争に事実上の決着がつきました。しかし、中国や韓国系の市民団体や一部の日本人左翼の宣伝によって、世界各国における日本国へのぬれぎぬは晴らされていません。このぬれぎぬを晴らすためには、何としても河野談話の取り消しが必要であります。

　安倍内閣は、戦後 70 年談話を検討中と報道されていますが、日本が侵略戦争を行ったという東京裁判史観を否定した談話になることを私は期待しておりますが、実際は有識者会議の西室委員長が個別のキーワードにはこだわらないと述べているように、その中に河野談話とかいうキーワードを入れて、河野談話の取り消し、慰安婦問題はなかったことを具体的に書き込むことは期待できません。仮に書き込んだとしても安倍内閣の背中を押す意味で、今回の請願は非常に重要であります。

　一々国家の政策に地方議会が口を挟むべきでないという主張は正論です。しかし、一

地方自治体といえども国家の重要案件の際は、はっきりと態度を示すべきであります。現に春日部市議会でも外国人の参政権付与問題やＴＰＰ、それから北朝鮮の延坪島砲撃への抗議決議、尖閣諸島で政府に断固たる決意を求める意見書、北朝鮮の核実験に抗議する決議といった高度な外交問題に保守系会派は今まで賛成してきているではないですか。この問題だけ口を挟むべきではないというのはダブルスタンダードであり、何か別の思惑があるのかとさえ感じます。会派拘束ではなく、議員各位の政治信条に基づく賛否、議員各位の政治信条に基づく賛否をお願いします。

　以上で賛成討論といたします。

○河井美久議長　次に、１番、石川友和議員。

　　　　　　　　　　　　　　　　　　　　――１番石川友和議員登壇

○１番（石川友和議員）　議席番号１番、石川友和でございます。平成26年請願第17号　慰安婦問題に関する適切な対応を求める意見書を国に提出を求める請願について、新政の会を代表し、反対の立場から討論いたします。

　春日部市議会は、言論の府であると同時に、その議決は議会の団体意思となるものであり、発言の社会的影響と責任は非常に大きいものと認識しております。今回の請願は、国に対し春日部市議会として慰安婦問題に関する意見書の提出を求めるものであり、一地方議会として国の対応に意見をするには、非常にそぐわない内容であると考えます。

　また、戦後70年のことし、発表すると言われております総理大臣談話を静観しながら、政府の対応にゆだねることが適切であると考えます。

　以上のことから慰安婦問題に関する意見書の提出を求める本請願には反対をするものであります。

○河井美久議長　次に、５番、卯月武彦議員。

　　　　　　　　　　　　　　　　　　　　――５番卯月武彦議員登壇

○５番（卯月武彦議員）　５番、卯月武彦です。平成26年請願第17号　慰安婦問題に関する適切な対応を求める意見書を国に提出を求める請願について、日本共産党議員団を代表して、反対の立場から討論します。

　この請願は、慰安婦問題についての吉田清治証言が虚偽であったことから、河野談話にかわる新たな政府談話を発表することを求めるものです。吉田証言は、吉田氏が済州島で慰安婦を強制連行したというものです。これが虚偽だったことにより、強制連行の根拠がなくなったかのような主張がありますけれども、それは間違いです。そもそも河

野談話は、吉田証言を根拠とはしていません。吉田証言は、1982年に朝日新聞が最初に取り上げ、90年代初めには各紙でも取り上げられました。しかし、92年に歴史研究家の秦郁彦氏が現地を調査し、吉田証言を否定する証言しか出てこなかったことを明らかにしました。ですから、河野談話作成時には、吉田証言の信憑性に疑義があるとの見解が高まっていました。官房副長官として河野談話に直接かかわった石原信雄氏は、吉田証言について、「あれはまゆつばものだと当時議論していた。吉田証言を直接根拠にして強制性を認定したものはない」と証言しています。

　また、直接調査に当たった担当者は、「吉田氏に直接会いました。しかし、信憑性がなくて、とても話にならないと全く相手にしませんでした」と証言しています。河野談話は、吉田証言以外のさまざまな証言や事実を積み上げて強制性があったことを認定したのです。河野談話作成過程で全く相手にしていなかった吉田証言が虚偽であったからといって、談話の正当性がいささかも揺らぐものでないことは明らかです。

　性奴隷と言われるのは、強制連行があったからだけではありません。慰安所においても監禁され、自由が奪われ、拒否することも許されない状況のもとで、毎日多数の軍人の相手をさせられていたことも性奴隷と言われるゆえんです。この点については、被害者の証言だけでなく、元軍人の証言や旧日本軍の文書に照らしても動かしがたい事実です。また、元慰安婦が日本政府に謝罪と賠償を求めた8件の裁判で、日本の裁判所は、日本軍の関与、慰安婦とされる過程や慰安所で強制があったことを事実認定しています。司法の場でも既に決着済みです。

　請願では、性奴隷国家との認識が国際的に拡散したと述べています。しかし、国際社会は現在の日本を性奴隷国家だと非難しているわけではありません。慰安婦問題をなかったことにしようとする動きに対して批判が広がっているのです。

　2007年のアメリカ合衆国下院125号決議では、日本の新しい教科書は、日本の戦争犯罪を矮小化している、河野洋平官房長官の談話を弱めようとしたり、撤回させようとしている者がいると批判しています。一方、人間の安全と人権、民主的価値、法の統治及び国連安保理決議、女性平和及び安全保障に関する決議を支持するなど、日本の努力をたたえる、女性のためのアジア平和基金が設立されたことをたたえると評価しています。その上で日本政府は慰安婦の事実を公式に認め、謝罪し、歴史的な責任を負わなければならない。事実でないという主張に対して公式に反論しなければならない。残酷な犯罪について教育しなければならないと述べています。この決議からも明らかなように、非難されているのは過ちを認めようとせずになかったことにしようとする動きです。過ちを認め、謝罪し、反省することによって、日本の名誉を回復し、信頼を得ることが

　できるのです。日本政府は、河野談話を継承するとともに、それに沿った行動をとるべきです。

　以上の理由からこの請願の採択に反対いたします。

○河井美久議長　以上で討論を終結し、採決をいたします。

　本件に対する総務委員長報告は不採択であります。

　よって、原案について採決いたします。

　本件について採択することに賛成の議員の起立を求めます。

──起立少数

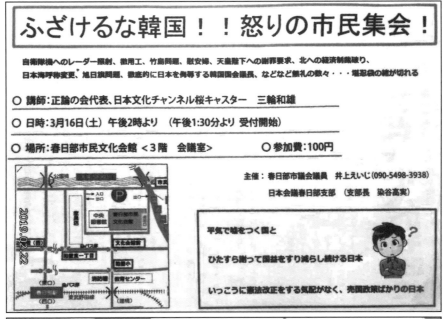

「ふざけるな韓国‼怒りの市民集会！ビラと「韓国政府に謝罪を求める春日部市民集会」

○河井美久議長　起立少数であります。

よって、平成26年請願第17号は不採択と決しました。

＊　　　＊　　　＊

　以上は、私が紹介議員となり請願した議案の討議結果として明らかになった春日部市議会の慰安婦問題についての認識です。おそらくこれは、春日部市議会に限った事例ではなく、日本中で趨勢を占めている一般論と言えるのかもしれません。

◎「慰安婦問題」に代表される歴史教科書問題に挑んだ「つくる会」の教科書

　このような認識ですから中学校の歴史教科書にも「慰安婦」を取上げたものが出てきます。これに対して西尾幹二元電気通信大学教授や、藤岡信勝元東大教授を中心に「新しい歴史教科書をつくる会」（現在は高池勝彦弁護士が会長）が結成されました。そして、作る会ホームページによれば「つくる会」の歩みは以下の様であり、良識ある教科書採択に取り組んできました。

＊　　　＊　　　＊

●平成9年1月30日

　　「新しい歴史教科書をつくる会」発足。趣意書採択。

●平成13年4月

　　『新しい歴史教科書』と『新しい公民教科書』が文科省の検定に合格。

──（第1ラウンド）中国・韓国が盛んに内政干渉。

歴史教科書の市販本は76万部を越えるベストセラーに。

●平成13年8月

　　『新しい歴史教科書』を愛媛県教育委員会が採択。栃木県で「下都賀事件」起こる。

平成16年8月

　　東京都教育委員会が歴史教科書を採択して注目を集める。

●平成17年4月

　　『改訂版 新しい歴史教科書』と『新訂版 新しい公民教科書』が検定に合格。

──（第2ラウンド）

●平成17年8月

採択地区が栃木県大田原市、東京都杉並区などに広がる。

- 平成 21 年 4 月

　　自由社版『新編　新しい歴史教科書』が検定に合格。

── （第 3 ラウンド）

- 平成 21 年 8 月

　　横浜市教育委員会が自由社版歴史教科書を採択。歴史教科書の採択率が 1％を超える。

- 平成 23 年 4 月

　　自由社版『新しい歴史教科書』と『新しい公民教科書』が検定に合格。

── （第 4 ラウンド）

- 平成 23 年 8 月

　　自由社教科書の採択率は目標を大きく下回るものの、「つくる会系」教科書全体の採択率は 4％前後となる。

- 平成 27 年 4 月

　　自由社版『新しい歴史教科書』が検定に合格。

　　平成になって初めて「南京事件」を書かない歴史教科書が誕生。

── （第 5 ラウンド）

- 教科書の作成と採択に直接関わる上記の活動の他、「従軍慰安婦」「南京事件」

　　「沖縄戦集団自決」など、歪曲された歴史認識を是正するための調査・研究・啓発活動を展開。

　　また「拉致問題」「エルトゥールル号遭難事件」などのテーマで、数多くのシンポジウム・講演会なども開催。

- 教科書の検定・採択制度の問題点を研究し、「近隣諸国条項」撤廃のための署名活動なども展開した。

＊　　　　＊　　　　＊

　しかし、平成 26 年検定で「学び舎」の教科書が慰安婦を復活させるなどの巻き返しが起きました。総理大臣は安倍晋三自民党総裁、萩生田光一文科省大臣は安倍側近と言われる代議士、国会は衆参ともに自民党が制しているにも拘らず、令和 2 年の今年 3 月 24 日、文科省は「つくる会教科書を一発不合格」としたのです。文科省官僚や教科書検定官に何かが起きていると思わざるを得ません。詳細は次の「つくる会」のパンフレットおよび『教科書抹殺（藤岡信勝著、飛鳥新社）』をご覧ください。

これが文科省の「トンデモ検定」だ!!

教科書調査官の職権乱用を許すな!!

自由社版『新しい歴史教科書』執筆者グループ

平成 31 年（2019 年）4 月に検定申請し、同じ年の令和元年 12 月に「欠陥箇所が著しく多い」として「不合格」通告を受けた自由社版『新しい歴史教科書』。しかし、指摘された「欠陥箇所」とは、いかなるものだったのか。その検定の驚くべき実態をいくつかのケースを通して明らかにする。

検定に当たった教科書調査官［村瀬信一／橋本資久／中前吾郎／鈴木楠緒子］の 4 人は、以下のように、理屈にならない理屈を次々と繰り出し、日本語の言葉の意味すらまともに読めない驚くべき低学力ぶりをさらけ出した。これはもはや「検定」とは言えない文科行政上の一大スキャンダルであり、明白な不正である。このままで済ますことは絶対に出来ない重大問題であることを広く訴えたい。

【事例 1】仁徳天皇は古墳に「祀られて」いないの？・・・ 日本語が分からない教科書調査官

［指摘事項］教科書 P19 ケイ囲みの部分

第1章　古代まで

登場人物紹介コーナー

小学校で学んだ人物を中心に紹介

■神話の世界では？ アマテラスオオミカミ
■中国の歴史書では？ 卑弥呼

大和朝廷の大人物
神武天皇 初代天皇とされる
仁徳天皇 世界一の古墳に祀られている

聖徳太子 日本の律令国家へ方向づけをした

［指摘事由］ 生徒が誤解するおそれのある表現である。（「祀られている」）

「第 1 章　古代までの日本」の登場人物として、仁徳天皇を「世界一の古墳に祀られている」と紹介したところ、「祀られている」は「生徒が誤解するおそれのある表現である」という理由で欠陥箇所に入れられた。教科書調査官との面接では「葬られている」が正しい表現だと指摘された。

しかし、古墳に「葬られている」とした場合、「被葬者は果たして仁徳天皇か否か」という別の議論を誘発することになり、逆に混乱を与える。

仁徳天皇陵も古墳としては「大山古墳」とも呼ばれているのはそうした事情によるのであり、被葬者や建造時代などについては議論の余地が残されている。だから、「葬られている」と書く方がはるかに誤解される可能性があるといえる。

他方で、124 代に及ぶ天皇陵は宮内庁によりそれぞれの天皇の陵に比定されている。累代の天皇陵は単なる墓所ではなく、宮内庁によって祭祀の対象とされ、拝所や鳥居も設けられている。このようにして崇拝の対象となっている以上、「祀られている」の表現には何らの問題はなく、「生徒が誤解するおそれ」もない。指摘事由には何の根拠もない。自由社の歴史教科書は、こうした配慮のもとに編集されており、これがわからない教科書調査官は日本語の理解能力が欠如しているのである。

【事例2】聖徳太子は律令国家の方向を示した・・・ 学習指導要領を読まない教科書調査官

[指摘事項] 教科書 P47 ケイ囲みの部分

聖徳太子と仏教と古来の神々

聖徳太子は、607年に法隆寺を建てるなど、仏教を篤く信仰しました。しかし、同時に、日本古来の神々を大切にすることも忘れませんでした。この年の儀式で、太子は多数の役人をひき連れ、朝廷は伝統ある神々を祀り続けることを誓いました。こうした姿勢は、外国の優れた文化を取り入れつつ、自国の文化も大切にするという日本の文化的伝統につながったと考えられます。

聖徳太子は、内政でも外交でも、8世紀に完成する日本の古代律令国家建設の方向を示した指導者でした。太子が活躍した7世紀には、政治や文化の中心が奈良盆地南部の飛鳥地方にあったので、このころを飛鳥時代とよびます。

[指摘事由] 生徒にとって理解し難い表現である。 （聖徳太子と古代律令国家建設との関係についての学説状況）

教科書は学習指導要領に基づき編集・執筆される。教科書検定も学習指導要領に基づき行われる。最終的な決め手となる学習指導要領には次のように書かれている。

「律令国家の確立に至るまでの過程」については、聖徳太子の政治、大化の改新から律令国家の確立に至るまでの過程を、小学校での学習内容を活用して大きく捉えさせるようにすること。

「聖徳太子の政治」が「律令国家の確立に至るまでの過程」の最初に置かれているのは、まさに聖徳太子が律令国家への方向性を示す政治を行ったからにほかならない。関係がないなら、ここに置かれているはずがない。P47の本文の記述は、このような学習指導要領の趣旨を生かしたものである。何の問題もないし、「生徒にとって理解し難い表現」などどこにもない。前ページの【事例1】には、同じことが聖徳太子の紹介として書かれているが、これについては欠陥箇所に指定されていない。

いい加減極まりない検定だ。教科書調査官は学習指導要領を読んでいないと断言できる。

【事例3】朝鮮出兵は16世紀「世界最大規模」の戦争・・・ 新機軸を排除する検定

[指摘事項] 教科書 p115

朝鮮出兵って16世紀では世界最大規模の戦争だったといわれてるわ。

[指摘事由] 生徒が誤解するおそれのある表現である。 （確立した見解であるかのように誤解する。）

「文禄の役」(1592年)において日本は15〜20万人を派遣した。「慶長の役」(1597年)では日本が14万1500人、朝鮮が17万人前後の軍に義勇軍が2万人以上、明が4万〜10万人近い遠征軍を送った。「慶長の役」での参加兵力の合計は37万人余〜43万人余となる。

他方、ドイツ農民戦争(1524〜1525年)は最大に見積って30万人だ。ヨーロッパが朝鮮出兵を上回る兵力を動員したのは17世紀の30年戦争になってからである。16世紀末、明の「万暦の三征」の一つ「楊応龍の乱」で楊応龍の軍が14〜15万人、迎撃に向かった李化龍の軍は24万人で、合計38〜39万人だ。従って、少なくとも16世紀において朝鮮出兵が「世界最大規模」の戦争であることに間違いはない。

教科書検定は明白な誤りの指摘にとどめるべきで、「確立した見解」ではないとの理由で新たな知見や教科書編集上の工夫を抹殺するなら、歴史教科書はありきたりの「確立した見解」しか載らないつまらないものとなるだろう。指摘箇所は世界との関わりを重視した学習指導要領を踏まえて工夫された教材であり、今回の検定は学習指導要領の方針にも反するものである。

【事例4】毛利輝元は西軍の大将ではないの？・・・次元の違う細部をあげつらう詭弁

[指摘事項] p108 ケイ囲みの部分

②300年以上命脈を保った毛利氏

守護大名の配下から下剋上でのし上がった戦国大名の代表的人物が、毛利元就です。元就が毛利家を継いだときは、豪族の尼子氏に仕える安芸（広島県）のひとりの国人にすぎませんでした。しかし、その後その尼子氏や守護大名の大内義隆を破った陶晴賢らを次々と破り、ほぼ中国地方全土を支配する大名となりました。

元就の孫、輝元の時代には豊臣秀吉政権の重臣となり、関ヶ原の戦いでは西軍の大将格として徳川家康に敗北しました。しかし多くの戦国大名が滅んでいった中で、周防、長門両国（山口県）を治める大名として、江戸時代の幕末まで300年以上命脈を保ち、薩摩の島津氏とともに、明治維新の原動力の役割をはたしました。

毛利元就
（1497〜1571）

[指摘事由]
生徒が誤解するおそれのある表現である。
（輝元が関ヶ原で実際に戦闘に参加したかのように誤解する。）

慶長5（1600）年当時の大きな政治対立の中で、毛利輝元が西軍の大将格となり、敗者となったことは今日の学説状況からしても違和感はない。今や石田三成を西軍の大将と安易に記述することこそ、実態と乖離した見解と言える。

毛利輝元が実際に戦闘に参加したかどうかをもって教科書の記述を問題視する教科書調査官の見解は異常だ。

また、該当箇所は毛利氏について記述した小コラムの中の話であり、関ヶ原の戦いについては別のページの本文において学習上必要な記載をしている。生徒が「誤解するおそれ」などあり得ない。

教科書調査官のこのような横暴な指摘を認めるならば、例えば「足利義満が建てた金閣」は「実際に足利義満が現場で大工として金閣を建てたと誤解する」という理由により歴史教科書での記述は認められないはずだが、そんなことはない。詭弁による恣意的な検定の動かぬ証拠である。

【事例5】坂本龍馬は大政奉還に関与せず？・・・私見の強要か、研究動向への無知か

[指摘事項] P162 ケイ囲み

❺坂本龍馬
（1835〜67）
土佐藩を脱藩した浪人で、薩摩、長州両藩を説いて薩長同盟を実現させました。土佐藩を通じて徳川慶喜に大政奉還をはたらきかけたともいわれます。（高知県立歴史民俗資料館蔵）

[指摘事由]
生徒が誤解するおそれのある表現である。
（龍馬の実際の行動）

坂本龍馬が慶応3年に薩摩・土佐両藩の間で周旋を行い、両藩が大政奉還について合意した薩土盟約の議論にも参加していたことは、史料上明白である。

また、大政奉還前日にその採否を決める会議に出席する後藤象二郎に宛てた龍馬の書簡が確認されており、この事実を報じる最近の新聞記事は文科省にも提出済みである。教科書では現在の研究状況を慎重に判断して「はたらきかけたともいわれます」と断定を意識的に避けた記述をした。これをも「生徒が誤解するおそれがある」と排除することは、もはや教科書調査官個人の私見の強要と断ずるほかはない。もしくは、近年の研究動向を正確に把握できていない人間が検定を行っているかのどちらかだろう。

【事例6】 新元号が入る予定の「■■」まで「欠陥箇所」とは！… 教科書調査官の底知れぬ悪意

[指摘事項] 教科書 P9

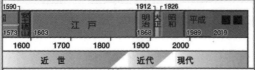

1590			1912	1926		
安土桃山	江 戸		明治 大正 昭和	平成 新元号		
1573 1603			1868	1989 2019		

1600　1700　1800　1900　2000

近 世　　　近 代　　現 代

その後、この教科書の巻末にあるように、大化から■■まで248の元号が定められてきましたが、明治以降は一

[指摘事項] 教科書 P11

めることになりましたので、明治、大正、昭和、平成、■■と天皇の在位期間で時代を区分しています。

[指摘事項] 教科書 P49

れず、中国の元号と同じ元号を使っていた国もあります。日本は最初の元号の「大化」から、平成31年に新たに定められた「■■」に至るまで、248の元号をすべて独自に制定してきました。現在でも元号を使いつづけている国は、世界で日本だけです。⇒P.9

[指摘事由] 生徒にとって理解し難い表現である。

[指摘事項] 教科書 P279

太子殿下が第126代天皇に即位し、新しい元号は◆◆と定められました。

しかし今回の譲位は特例法に基づくものであり、今後こうした事例が起きた場合どうすべき

平成から○○へ　2019年には天皇陛下が上皇陛下から譲位を受けて即位し、元号が○○とわりました。また日本は2020年の東京オリンピック・パラリンピックの誘致に成功し、国民に大きな希望と誇りをもたらしま

[指摘事項] 教科書・巻末折込年表　世紀　2019・二〇一九・今上陛下が即位　新元号を○○と定める

新元号「令和」は早くに発表される予定であったが4月1日にズレ込んだため、同月の検定申請に印刷が間に合わなくなった。[指摘事項]の■■・◆◆・○○はすべてそのためであることは自明であるにもかかわらず、嬉々として「欠陥箇所」に指定するとは、その底知れぬ悪意に仰天する。

【事例7】 中華人民共和国は「共産党政権」ではない？… 木を見て森を見ない教科書検定の愚

[指摘事項] 教科書 p264 表　ケイ線で囲んだ部分

年	アメリカ中心の自由主義陣営	ソ連中心の共産主義陣営
1945	国際連合成立	
1946	チャーチル（英）「鉄のカーテン」演説でソ連圏の閉鎖性を批判	ソ連が東欧を占領
1947	トルーマン（米）共産主義封じ込め政策発表 日本の占領政策転換	ヨーロッパ各国共産党の連絡機関としてコミンフォルム結成
1948		ベルリン封鎖（ソ）
1949	北大西洋条約機構（NATO）成立	中華人民共和国（共産党政権）成立
1950	朝鮮戦争おこる（北朝鮮軍の軍事侵入）	
1955		ワルシャワ条約機構（WTO）成立
1956		スターリン批判（ソ）
1957		初の人工衛星打ち上げに成功（ソ）
1960	日米安保条約改定	
1961		ベルリンの壁設置
1962	キューバ危機	
1965~75	ベトナム戦争	
1966		文化大革命始まる（中）
1972	ニクソン（米）中国訪問	
1976		ベトナム社会主義共和国成立

[指摘事由] 生徒が誤解するおそれのある表現である。 （成立時の中華人民共和国の性格）

教科書調査官は「反論認否書」で、「成立時の中華人民共和国は連合政権であり、申請図書の記述では、共産党政権であると誤解するおそれがある」と言う。

しかし、形式上「連合政権」であるとしても、それが「共産党政権」でなくなるわけではない。この年表は「アメリカ中心の自由主義陣営」と「ソ連中心の共産主義陣営」を対比して示すもので、「連合政権」と書けば意味不明な年表になる。木を見て森を見ない「揚げ足取り検定」の典型だ。

★質問・御意見は、つくる会（電話 03-6912-0047）、comment@tsukurukai.com
　文部科学省 初等中等教育局教科書課（代表電話 03-5253-4111）まで。

◎文科省歴史教科書調査官についてのトンデモ情報の真偽

　この本の出版作業も最終段階に入った7月最終の週に、大変なニュースが飛び込んできました。何と「韓国の情報当局が脱北者団体を家宅捜査したところ、北朝鮮スパイリストが出てきて」その中に「文科省教科書調査官に北朝鮮のスパイ」が居た、という、もし本当だったら驚くべき事件です。私達、日本人の子や孫が中学校で学ぶ歴史教科書を審査する調査官に北朝鮮のスパイがいた、と言うのです。そしてその人物が「歴史教科書に従軍慰安婦の用語を復活させ、新しい歴史　教科書をつくる会が提出した教科書を不合格にした張本人だという」（産経新聞2020年7月27日付産経抄）とありました。

　週刊アサヒ芸能2020年7月21日発売号が、「北朝鮮スパイリストに文科省調査官」というスクープを載せたとの紹介です。そして翌日の7月28日付産経新聞「風を読む」には乾正人論説委員長の記事が載り彼（スパイ）が「専門的知識に該当するとすれば毛沢東を礼賛した本ぐらいだ。毛沢東シンパの彼を強く推す人物が文科省内にいたという推測も十分成り立つ」との指摘もしています。

　早速ネット（ameba 文科省調査官で検索）も見てみたら以下5人の文科省歴史教科書調査官の氏名が載っていました。スパイ疑惑の人物は①の中前吾郎氏（現在は目白大学大学院）です。疑いがかけられているので、ぜひ弁明を聞きたいものです。

①中前吾郎（主任）毛沢東思想研究家：韓国霊山大学専任講師
②村瀬俊一：日本近現代史、帝京平成大学助教授
③橋本資久：古代西洋史（ギリシャ関係）
④鈴木楠緒子：ドイツ帝国の成立と東アジア：神奈川大学非常勤講師

　これまで、今回のつくる会歴史教科書を一発不合格にした「2016年度の一発不合格制度導入」への批判はありましたし、公民教科書でも「検定側は、中国擁護、社会主義擁護、韓国・北朝鮮擁護の姿勢を示した」（月刊Hanada2020年8月号、「公民教育の目的は国家解体か」小山常実氏の論文）との指摘はあります。今回の報道は、その真偽に関わらず、理不尽な教科書一発不合格の背景が見えてきたと感じています。

　ただし、この報道は「フェイクニュースだ」との指摘もあり、今後の検証が待たれます。

●○●○●○●○●○●○●○●○●○●○●○●○●○

3．尖閣諸島の意見書が可決されたレアケース

(1)　市議会で繰り広げられた、竹島、尖閣諸島の意義深い歴史的背景（議事録）

　例外があります。平成24年の9月議会で9月21日に尖閣諸島の意見書を提出した時に、私（当時は緑新クラブと言う会派に所属）が、共産党や社民党議員の質問に答え、保守系会派の賛成を受け、可決成立に成功した、誠に珍しい事例をご紹介しましょう。

　この意見書に反対の趣旨を述べた彼らの発言の行間を読めば、いかに彼らの本音が「反日思想の持主」であるかが分かると思います。

＊　　　＊　　　＊

○**山崎進議長**　日程第8、議第16号議案　尖閣諸島をはじめとする日本国有の領土の保全に対して、政府に断固たる決意を示す行動を求める意見書についてを議題とし、提案理由の説明を求め、質疑、討論、採決をいたします。

　本案について提案理由の説明を求めます。

　19番、井上英治議員。

——19番井上英治議員登壇

○**19番（井上英治議員）**　議席番号19番、井上であります。尖閣諸島をはじめとする日本固有の領土の保全に対して、政府に断固たる決意を示す行動を求める意見書を提案議員を代表して提案させていただきます。

　尖閣諸島や竹島は言うまでもなく日本固有の領土でありますが、近年、周辺諸国からの不法行為が目に余ってきています。日本固有の領土である沖縄県石垣市の尖閣諸島には、今年8月15日、中国人活動家が不法上陸し、尖閣諸島は中国のものであると主張しました。中国は過去にも、たび重なる領海侵犯や尖閣諸島への不法上陸、また中国の

漁船が海上保安庁の巡視船へ体当たりする事件を引き起こしております。言葉だけの友好ではなく将来にわたる真の友好関係確立をするためには、現状維持ではなく、主張すべきことは主張するという立場から、我が国は断固として尖閣諸島を守る毅然とした主権国家の決意を国際社会に示さなければなりません。

　また、韓国は竹島に対し、1952年1月に不当ないわゆる李承晩ラインを一方的に設定し、このラインを越えたことを理由に日本漁船を拿捕し乗組員を抑留しました。1954年には、韓国沿岸警備隊を竹島へ送り込み、以来駐留し続け宿舎や監視所を設置し、不法に占拠し続けているばかりでなく、竹島上空への軍事訓練空域を設定することまで行っております。

　最近の尖閣諸島への不法上陸でも政府の対応は、中国に事なかれ主義の対応で逮捕者を釈放しています。これに対し国会はようやく8月29日に領海警備強化のため海上保安庁法と領海等における外国船舶の航行に関する法律を改正しましたが、警備強化の第一歩にとどまり、完全なる領土保全方針とはほど遠く、政府においては、下記の事項を早急に実施することを要望します。

　1つ、尖閣諸島については、直ちに桟橋やヘリポートあるいは船だまり（漁船退避施設）などを建設し、我が国の漁業関係者の安全操業と実効支配を確固たるものにする行動ができるよう、必要な法改正を含めた体制整備に着手すること。

　2つ、竹島問題については、不法占拠について国際司法裁判所へ直ちに提訴し、韓国が共同提訴に応じない場合を想定した効果的な対応策を確立すること。

　以上を求め、地方自治法99条の規定により、意見書を提出します。

　議員各位の賛同をお願いします。

○山崎進議長　本案に対する質疑を求めます。

　4番、松本浩一議員。

────4番松本浩一議員登壇

○4番（松本浩一議員）　4番、松本浩一です。議第16号議案　尖閣諸島をはじめとする日本国有の領土の保全に対して、政府に断固たる決意を示す行動を求める意見書案について、何点か質疑をいたします。

　まず、1行目です。近年、周辺諸国からの不法行為が目に余っていますと、こうあります。尖閣諸島や竹島の領土問題というものがこのように起こっている根本的な原因をまず伺いたいというふうに思います。

　尖閣諸島の問題と竹島の問題というのは性格は異なって、解決方法も当然異なるわけ

です。尖閣諸島というのは、もちろん日本の固有の領土であるということは、歴史的にも国際法上も明らかと、しかしなぜこのようなことがたびたび、このような事態が起こるのか。それは、歴代の日本政府が 1972 年の日中国交正常化以来、本腰を入れて日本の領土の正当性を中国側に対して主張してこなかったと、こういうことに私はあるというふうに思います。民主党政権でもその姿勢は同じで、2010 年 9 月の中国漁船衝突事件、これにおいても国内法で粛々と対応すると、こういうことだけだったのです。尖閣諸島が日本の領土であるということは、先ほどから申し上げておりますように、日本共産党は歴史的にも国際法的にも疑いのないということだと言っておりますが、国は領有権の問題はそもそも存在しないということを主張しております。この間、30 回以上にわたって日中間の首脳会談とか懇談などが行われてきましたけれども、尖閣問題で突っ込んだやりとりをした形跡はありません。また、日本政府が国際社会に主張したという例も見当たらないわけです。そして、9 月 11 日の閣議で国有化する費用 20 億 5,000 万円、これを拠出することを決定して、十分な外交努力もせず国有化をしたと、これが中国の反発を強めたと、こういう経過があるわけです。

　このように、歴代の政権が歴史上、また国際法上正当性を国際社会や中国社会、理を尽くして主張する冷静な外交努力をやってこなかったと、こういうことが今回のような事態が繰り返される大もとにあるのではないかと、私は思うのですけれども、どうでしょうか、これについてお答えを願います。

　また、竹島の問題ですけれども、竹島も日本がこの領有を主張することについては歴史的な根拠があります。問題は、この日韓両政府に冷静な話し合いのためのテーブルがないということなのです。日韓の間で冷静に話し合う、そういう外交的な土台がないという状況です。ですから、韓国では国民の大多数がこの島、竹島、独島が韓国の領土で、日本帝国主義の侵略で奪われた最初の領土だというふうに韓国の人たちは考えているわけです。そのもとで話し合いのテーブルをつくるには、まず日本が韓国に対して過去の植民地支配の不法性の誤りをきちっと認めるということが不可欠です。その土台の上に立って、歴史的な事実をきちっと突き合わせて問題の解決を図っていくと、こういうことが大事なわけです。

　ところが、日本政府は、1965 年に日韓基本条約を締結するわけですけれども、その過程で、竹島の領有をめぐる韓国政府との往復書簡があるわけですけれども、この論争でも、今でも、韓国併合、1910 年の植民地支配を不法なものとして日本は認めておりません。井上議員も一般質問の中で大分そのような主張をされておりましたけれども、話し合いの場がないのは、つくられないのは、いろんな問題がありますけれども、やは

り日本側の問題としては、この植民地支配に対する真摯な反省、これがなかったと、こういうことではないかと、このことを真剣に取り組むことなしには話し合いのテーブルはできません。やはり日本政府は、この過去の植民地支配の不法性やその誤りを正面から認めて、その土台の上で竹島問題についての協議を呼びかけるならば、そして歴史的な事実に基づいて冷静に粘り強く話し合いをすれば、その土台ができてくるということです。

　そういうことをきちっとしてこなかったことが竹島の領有をめぐる今のような問題を引き起こしている大もとかなというように思うのですけれども、井上議員はどのように考えているのでしょうか。まず、大もとについて、起こっている大もとです。これについてお答え願います。

　それから、8行目に、我が国は断固として尖閣諸島を守る毅然とした主権国家の決意を国際社会に示さなければなりませんと、こうあります。これはどういうことでしょうか。毅然とした主権国家の決意というのはどういうことなのでしょうか。説明を願います。

　それから、今度は要望2つの内容に入っていきますけれども、まず1番目です。尖閣諸島について、直ちに桟橋やヘリポート、あるいは船だまりなどを建設して、そして我が国の漁業関係者の安全操業と実効支配を確固たるものにするということができるよう必要な法改正を含めたと、こうありますけれども、こういうふうに直ちに桟橋やヘリポートをつくったり、または船だまりをつくるということが実効支配を確固たるものにすることになるのでしょうか。また、私は、日本は既に実効支配、尖閣諸島についてはしているわけですよね。というふうに考えているのですけれども、今回、多くの中国の漁船などが侵入してくるということで、まだしていませんけれども、そういうことがあった場合に、井上議員は実効支配と、確固たるものにするということなのですけれども、そういう場合にはどのようにするのかと、実効支配をですね。確固たるものにするには、そういう場合にはどのような態度をするのか。

　そして、必要な法改正を含めた体制整備と、こうありますけれども、既に今、海上保安庁が警備しているわけですね。既に上陸をこの間した、中国人の上陸者を逮捕しているわけですけれども、この逮捕して送り返したわけですけれども、このことについて中国政府は何の行動も起こしていない。このこと自体が既に日本が実効支配していることになっているわけなのです。この必要な法改正を含めた体制整備と、これは外交官も官僚の皆さんもそう言っているわけなのですけれども、井上議員は、この法改正を含めた体制整備というのは、これはどういうことなのでしょうか。例えば自衛隊がそこに上陸

するというようなことを考えているのでしょうか。

　最後に、竹島問題について、不法占拠について国際司法裁判所に直ちに提訴して、韓国が共同提訴に応じない場合は、想定した効果的な対応策と、応じない場合を想定した対応策を確立すると、こうあるのですけれども、実際竹島は、不法に占拠しているわけですね、韓国の警備隊がいるわけですけれども、想定した効果的な対応策というのは、これどういうことなのでしょうか。どういうことを想定しているのか。具体的にどういうことなのでしょうか。例えば韓国警備隊を力ずくで追い出そうと、こういうことなのでしょうか。想定した対応策とは、誰が想定した対応策なのか。誰がですね、この誰がということがないのでね。政府がもし想定している対応策だとすれば、それはどういうもので、応じない場合の政府がもし対応策があるのなら示していただきたいというふうに思います。

　以上で１回目を終わります。

○山崎進議長　答弁を求めます。

　19番、井上英治議員。

——19番井上英治議員登壇

○ 19番（井上英治議員）　松本議員の４点だと思うのですが、質問にお答えしたいと思います。

　第１点の根本原因ということで、竹島に関しては正当性を主張していないと、竹島についてはその話し合いのテーブルがないと、こういうことを言っておられますけれども、個人的にはいろいろ意見は、考えはありますけれども、この意見書につきましては、その根本原因に触れているわけではございません。今行われている実行行為、不法行為に対して、それは取り締まってほしいということを求めているわけでありまして、その議論に触れているわけではございません。

　それから、毅然とした態度ということでありますけれども、ちょうど真ん中のほうにあるかと思うのですけれども、上のほうですね。毅然とした態度でありますけれども、今まで不法上陸をした人間に対して日本政府は、逮捕しております。すぐ国外退去、あるいは釈放ということをやっておりますけれども、これは国際慣例というか、日本の国内法にのっとって逮捕したわけですから、ちゃんと起訴をして、そして判決をいただいて、そして勾留すると、そしてその釈放を相手国が求めてきた場合には、その責任をちゃんと明らかにして、損害賠償とか謝罪を求める、それが主権を持った国家として当然の毅然とした態度ではないかと、こういうふうに思うわけでございます。

　それから、実効支配についてでありますけれども、法整備ということでありますけれども、ご承知のとおり、国際法におきましては、パルマスの原則というのがあります。パルマスの原則にのっとって実効支配を確立するということが必要であろうかというふうに思います。法改正ということは、必要な体制整備を行う、そのために法改正が必要ならばやったらどうかということでありまして、例えば離島の漁業とかそういった振興策について新しい法律を用意するとか、あるいは領海侵犯罪というのがないそうでありますから、そういったものが可能ならば、つくることもいいのではないかなというふうに思っております。

　それから、韓国の不法行為について国際司法裁判所へ提訴して、向こうが応じなかった場合ということでありますけれども、ご承知のとおり、中国は国連の常任理事国でありますし、韓国は国連の事務総長を出しているグローバルコリアと言っているわけでありますから、国際司法裁判所に堂々と応じて、義務的管轄権を受託してほしいと、こういうことを自覚してもらうために、いろんな場所でそれを提起していくと、こういうことが必要だろうと、話し合いをまず提起していくことが、指摘していくことが必要だろうというふうに思います。

　以上であります。

○山崎進議長　４番、松本浩一議員。

──４番松本浩一議員登壇

○４番（松本浩一議員）　では、２回目の質疑を行います。

　よくわからないのですけれども、答弁がですね。私がお聞きしていることにきちっと答えていないので、お聞きしたいと思いますけれども、私は、尖閣諸島及び竹島の問題について、これを解決するには、先ほどお話ししましたように、尖閣諸島については、きちっと歴代の政府、また今の民主党の政府が歴史的な経過、こういうものを説明をして、外交努力をきちってしないで、そのしないことの上に国有化ということを行ったと、こういうことが根本原因にあるのではないかと、やっぱり原因の、この文書にあるわけですから、こういうふうに目に余ることが起きているということの原因があるわけです。この原因を解明しないで一方的にこのような断固たる決意を示す行動を求めるというのを春日部市議会が提案するというのは、市議会としての見識が問われますから、きちっとそういうことの根本原因を説明してもらわないといけないということです。尖閣諸島についてはそういうこと。

　それから、竹島については、そういう歴史的な経過があるわけです。そこに食い違い

があって、テーブルがないのです、土台がないわけだから、話し合いの土台がないのだから、話し合いの土台がないところで、それを構築しなければ、これはいつまでたっても解決しない。その土台がどうしてないのかというと、先ほど、やはり日本の韓国に対する植民地化という問題があったわけですから、この問題をきちっと反省をして、話し合いの土台をつくらなければ、いつまでたったってこれは解決しないから、そういうことが、そういう立場に立ってこなかったことが今のこういう問題を、竹島の問題については起こしているのではないですかと聞いているのですから、この質疑にはちゃんと答えなければ、質疑やっている意味がないわけで、井上議員、きちっと答えていただきたいというふうに思います。

　ドイツのことを少し話せば、かつてドイツのハイデッカー大統領が有名な演説があります。「過去から学ばざる者は未来で見捨てられる」と、一言で言うとこういうことを言っています。やはりこういう立場にきちっと立つということが大事なので、井上議員、このことについてはきちっとお答えを願いたいと、このように思います。

　尖閣諸島を守る毅然とした主権国家の決意と、こういうことですけれども、領土を守るという対策や気概はもちろん大事です。しかし、政府がこの間、この尖閣諸島の問題については、領有権の問題は存在しないと、こういう立場を一貫して言っているわけなのです。これは、竹島のほうでは、韓国のほうは、そういう問題は存在しないのだと言っているわけです。ですから、日本政府は、竹島については外交交渉、つまり国際裁判所に訴えて話し合おうと言っているのに、尖閣諸島の問題では領土問題は存在しないと、話し合う必要はないのだと、こういうことでは、いわゆるダブルスタンダードということで、全くおかしい、矛盾していることになってしまうので、尖閣諸島については領有権の問題は存在しないという、こういう立場をとっていたら、やはり問題は解決しないと思うのです。このことについては毅然と、それこそこれは話をしていかなければならないと、そういう努力が必要なのではないかと思うのですけれども、いかがでしょうか。

　続きまして、要望内容ですけれども、桟橋やヘリポート、あるいは船だまりなどを建設して、自衛隊の常駐についてはお答えしていただけませんけれども、こういうことはもうあるのですかと聞いているので、それに答えてください。

　実効ある支配ということは、必要な法改正を含めた体制整備と、このように言っているわけですから、尖閣諸島についてね。そういうことをすれば、今の時点ですよ。桟橋やヘリポート、あるいは船だまりなど、今の民主党政権はこれはつくるつもりはないようです、今ね。だけれども、こういうことを国に要求していけば、これ、意見書で、かえって問題を難しくする、解決しない、このままでは。そして、真の日中友好関係を確

立するためにと、前文で書いているのだけれども、そういうふうにならないのではないですか、逆に。そういうことを今の状況の中でやっていけば。まさに外交努力こそ今必要だと、新聞も私大分、毎日のように報道されるので、読んで、社説なども毎日新聞とか朝日新聞、社説など見ると、毅然とした強硬姿勢で臨むだけでは問題の解決にはならないと。アジア、太平洋の平和で安定した地をどうつくるか、米国も巻き込んだ外交戦略こそ必要だと、国は国民を守るためには、まず命がけで外交を尽くすことが今政治に求められているのだと、こういうふうに今言っているわけです。そういう中で、桟橋やヘリポート、あるいは船だまりなどを建設すると、自衛隊の常駐まで考えているのかどうかお答え願いたいのですけれども、そのような必要な法整備や体制整備ということになれば、かえって問題を先送りして、いつまでも解決しない。こういうことになると思うのですけれども、どうですか。

　それから、竹島の問題なのですけれども、応じない場合の対応策と、私は応じない場合の対応策ってあるのかと思うのです。応じない場合の対応策というのはあるのですかということなのです。今の状態では、韓国の警備隊が不法に占拠しているわけです。先ほどから言っているように、私は話し合い、外交努力、そのためのテーブルをつくると、この竹島の問題については、そのことなしには解決はしないわけですから、その対応策というのはそのことではないかと私は思うのです。そういうことをしないで、そのことだと私は思うのだけれども、まずテーブルをつくるということが一番重要な対応策だと思うのだけれども、これはそう思いませんか。具体的な対応策といったら、私は、多分井上議員はそう思っているのではないかと思うけれども、不法に占拠している韓国警備隊を力ずくで追い出そうというふうに考えているのではないのですか、そういうことはないのですか。もしそういうことでやるなら、そういう対応策なら、これは問題はまさに解決しない。もっと大きな問題になってくるというふうに思うのですけれども、そのことについてはどうでしょうか。

　以上、2回目を終わります。

○**山崎進議長**　答弁を求めます。

　19番、井上英治議員。

──19番井上英治議員登壇〕
○**19番（井上英治議員）**　2回目の答弁させていただきます。

　松本議員の質問では、尖閣の外交努力が足りないと、竹島では歴史的経緯の説明が足りないということで、第1回目と同じように原因についてどうなのかというご質問でご

ざいますけれども、先ほど答弁いたしましたように、今回のこの意見書に関しては、不法行為の実行行為に対して、それをなくすようにしてほしい。そして、実効支配を確立するのだということの意見書でございまして、私の個人的な意見の問題ではなくて、あるいは学者の見方としての韓国の歴史に対する見解をここで述べているつもりではございません。

それから、自衛隊配備をどうなのか、これは尖閣のことだと思うのですけれども、実効支配をやるためには、必ずしも自衛隊の配備が必要なわけではないと思います。民間の漁民があそこで安全操業するということも実効支配の確立の一つであろうかと思いますので、いろんな選択肢があろうかと思いますから、平和的な方法で実効支配を確立することは可能だと思っておりますので、国会におかれていろんな専門家の知恵を集めて対応策を練るべきではないのかなというふうに思います。

竹島についても同じでございまして、実力行使をもって排除するということではなくて、先ほど言いましたように、韓国はグローバルコリアと言って国連の事務総長までやっているわけですから、ＡＳＥＡＮなり国連なりの場で、ちゃんとそのインターナショナルの責任を果たすように促し、そして実行していただく、国際裁判所には義務的管轄権に応じていただきたい、こういうことを粘り強く主張していく必要があろうかというふうに思います。

以上であります。

○山崎進議長　４番、松本浩一議員。

——４番松本浩一議員登壇〕

○４番（松本浩一議員）　３回目の質疑を行います。一問一答がいいのですけれども、本当は。

根本的な要因、こういう事態が起きている要因については、特に話がないわけで、井上議員はいろいろ思っていることがあるのでしょうけれども、実効支配を確実にするためにと、そういうことを２つ求めているのだと、こういうことだけだということです。しかし、この前文からありますように、この文章というのは、やはり国に対して意見書を出す以上は、物事がこのように起きている原因、要因をやはり示さなければ、これはやっぱりだめだと思うので、その要因、原因があるからこそこのような問題が起きているので、この原因を解明するということのためには、やはりこの歴史的な事実とか、国際法上の問題とかをきちっと認識して、議会として認識していかなければならないと思うので、これはそのことについてはお答えないので、これはいいですけれども、それか

ら毅然たる態度ということについては、やはり外交努力をきちっとするということが毅然たる態度ということでよろしいですか、毅然たる態度というのは、武力的なそういうものではなくて、外交努力、話し合い、これを中心にするということでよろしいかということをお聞きします。

　それから、尖閣諸島については、尖閣諸島も竹島の問題ですけれども、平和的な方法でというふうに言われましたけれども、この尖閣諸島、平和的な方法といったって、直ちに桟橋やヘリポート、あるいは船だまりをつくるということは、これは平和的な方法ではありませんよ、こういうことを今やったら。こういうことをやる前に、先ほどから話をしているように、中国に対してもきちっとこの尖閣諸島が日本の領土であるという歴史的な経過や国際法上の問題を説明をきちっとしてこなかったことがこういうことが起きているわけだから、そういうことをすることなしに、直ちに桟橋やヘリポートであり船だまりつくったら、余計話し合いの土台ができなくなるではないですか。平和的な解決と言うけれども、そういうことをしたら……

──何事か言う人あり。

○**４番（松本浩一議員）**　いや、意見ではなくて、話し合いできなくなるのではないですかと言っているのです。こういうことをすれば。かえって問題を難しくするのではないですかということを聞いているのですけれども、どうですか。

　まさに外交的な努力、そういうことをきちっとしない、することが先で、そういうことをしないでこういうことをつくったら、こういうのをやったら、余計問題は難しくするのではないですかと、尖閣諸島については、このように言っているわけです。

　それから、竹島問題については、国際司法裁判所へ直ちに提訴といったって、これ提訴しても、両国が提訴しなければ、これは当然乗らないのだから、しなかったと、向こうは乗らなかったということを問題にするのかもしれないけれども、やはり想定した効果的な対応策というのは、いまだよくわからないのですよね。想定した効果的な対応策というのは、これ誰が、さっきから聞いているのだけれども、誰が想定した効果的な対応策なのですか。誰かがないのですよ、応じない場合を想定したと書いてあるのだけれども、政府がそういう効果的な対応策を持っているならば、それを説明していただきたいと思うのです。でないと、これ春日部市議会として出すわけですから、見識を問われると、私はそのように思うのです。やはり一番大事なことは、この意見書は、よく見ればわかるように、専ら物理的な対応の強化だけを言っているのです。この１点目も２点目も。冷静な外交交渉による解決の立場がほとんどないのではないですか、これは。外交的な努力をすべきだとか、こういう粘り強い外交的な話し合いをする土台をつくるだ

とか、そういう内容が一つもない。かえって物理的な対応の強化、これをすれば、この領土問題の今日的な解決にはつながらないと私は思います。かえって問題を困難にしてしまう、そういうふうに思うのです。ですから、やはりこういう物理的なことだけではなくて、外交的な努力を尽くすべきだというようなことを3項目めに入れるとか、こういうことが一切ない意見書だというふうに思うのですけれども、こういうことについてはつけ加えるというようなことはないのでしょうか。

　以上で終わります。

○山崎進議長　答弁を求めます。

　19番、井上英治議員。

　　　　　　　　　　　　　　　　　　　──19番井上英治議員登壇

○19番（井上英治議員）　松本議員の質疑に3回目の答弁をさせていただきます。

　先ほどから、第1回目から根本原因とか原因の解明とかということを言っておりますけれども、第1回目に私答えたと思いますけれども、国際法上においてはパルマス原則というのがあって、これは歴史的、この島の歴史的経過は、うちの国のものだったとか、原因はこれだということのその経過は、国際法上は、それは根拠は持たないということになっております。では、どうしたらいいか、効果を持っているかというと、この島を自分に編入したというときに、どこも文句を言ってこなかった、クレームを言ってこなかった場合は、それはその国の管轄権ですよということです。ですから、昔から、満州もそうですけれども、この竹島も無主の地ということであります。誰も持ち主がいない土地であったということで、それを編入をしたと、日本が編入をしたというのがこの尖閣諸島に関することであります。したがって、このことについては、その後は今度は実効支配を確立することであります。実効支配というのは、外交努力でいい、それでいいと思いますけれども、ですから先ほど言いましたように、国内法で器物損壊なんかで、瓶を海上保安庁に投げたわけですから、捕まえたわけですから、ちゃんと日本の国内法に基づいて、裁判をもって判決までとっていくということが大切でありまして、それこそが毅然たる態度であり、また日本の主権を確立する道であろうかというふうに思います。

　桟橋をつくることも実効支配の一つの手段として認められていることでありまして、別にそこに公務員とかが常駐しなくても、民間がそこで漁業をやっているという実績があれば、それは実効支配というふうに認められますし、巡視船が月1回でも1年に何回でも巡視すれば、それも実効支配と認められているというふうに国際法上は理解されて

いるというふうに理解しておりますので、より実効のある効果を上げた実効支配に基づく日本の国土の保全を目指していただきたいということで、関係各位のご賛同をお願いいたします。

──「満州は無主の地じゃないから、訂正しておいたほうがいいぞ、今」と言う人あり。

○山崎進議長　ほかにございますか。

　９番、蛭間靖造議員。

──９番蛭間靖造議員登壇〕

○９番（蛭間靖造議員）　議席番号９番、蛭間靖造でございます。井上さんと同じ部屋にいて、社民党はどういうふうに考えるのだと言われたから、これは黙っていたのでは申しわけないなと思って、ここに立ちました。

　先ほど来から議論されている内容で、私は違う角度になろうかと思うのですけれども、もし間違っていたらやじっても何でも結構でございます。

　最初この問題が出たときに、やばいなというふうに思ったのは、石原東京都知事がワシントンで講演をして、尖閣列島のうちの個人が所有するところを、魚釣島と北小島と南小島ですか、この３島を都として購入するのだと言ったときに、その背景は何なのだろうというふうに考えたのです。例えばビジネスで考えれば、日本と中国では結構いい、今ビジネスの関係ではいっているわけです。これが出た途端に中国の中で日本企業に対する物すごい反発が出て、いざデモか何かが始まったときに、今はおさまっているようですけれども、これはやばいなというそういう感じでいたら、そのようになってきて、その中の内容というのは何なのかなということをちょっと質疑をさせていただいているのですけれども、例えば日本の固有の領土として守るために代償を払うのだということ、日本の固有の領土と何なのだろうという、そういうふうに疑問に思ったのです。日本の固有の領土というので、島だけを固有の領土というのかというふうに感じたのです。例えば沖縄が返還するときは、固有の領土だから云々ということでやりましたが、北海道の島も固有の領土ということで何かやったような気がするのです。固有の領土というのはいつでも切り離せるような感じで受けとめるのです。何で日本の領土なのに日本の領土と言わないのだということなのです。切り離してね。日本の本州はどうなのだと、固有の本土と言うのかって。当時の、戦争が終わったときの協定の中では、本土を確保するためには、そこを切り離してもいいよ、そんな感じで言って、沖縄を切り離し、北海道の島を切り離して交渉やったのではないですか。そういうことで決めて、それがいまだに残っているような気がするのです。この辺についてどういうふうに思っているのか

お聞きしたいと思います。

　それから、尖閣の島というのは3つだけなのかどうなのか、そこもお聞きします。

　それから、私、一番心配しているのは、例えば中国が何で領有権をそこを主張しているのかというところなのです。中国は何で領有権を主張しているのかというのは、1972年に沖縄が返還されたときの協定で、当時ニクソン政権は、ばかにするのではないよという本当にアメリカに言いたいのだけれども、施設権と、施設権は認めるけれども、主権ですよ、主権、これは認めないよと言っているのです。ここのところどうなのかというところも、主権を認めないというふうに当時のニクソン政権が言っていたのだったら、今そういう関係の中で、そこを掘り下げていかなかったら、私たちがどこに、中国がだめだとか韓国がだめだとかというのではないですよ。そこのところをはっきりしないと、私は前に進まないのではないかというふうに思うのです。

　1回目はそれだけです。以上です。

──「休憩」と言う人あり。

(2)　竹島、尖閣諸島についての歴史と背景（議事録の続き）

【休憩の宣告】

○山崎進議長　暫時休憩いたします。

　午後　3時48分休憩

【開議の宣告】

○山崎進議長　休憩前に引き続き会議を開きます。

　午後　4時30分開議

【会議時間の延長】

○山崎進議長　この際、時間の延長をいたします。

【発言の訂正】

○山崎進議長　次に、19番、井上英治議員より発言を求められておりますので、これを許します。

　19番、井上英治議員。

——19番井上英治議員登壇。

○**19番（井上英治議員）**　19番、井上でございます。先ほどの松本議員の3回目の答弁におきまして、訂正をお願いしたいと思います。

昔から満州もそうですが、この竹島も無主の地と申し上げましたけれども、竹島は無主の地に訂正をお願いしたいと思います。大変申しわけございませんでした。

【議第16号議案の上程、説明、質疑、討論、採決（続き）】

○**山崎進議長**　先ほどの質疑に対する答弁を求めます。

19番、井上英治議員。

——19番井上英治議員登壇。

○**19番（井上英治議員）**　19番、井上であります。蛭間議員の質疑にお答えしたいと思います。

日本の領土を固有の領土と、こういうふうに言っていることについての質疑でございますけれども、今回の意見書の中で表現をいたしました固有の領土という言い方につきましては、政府が使用して、通常使っている言葉でありますので、固有の領土と使わせていただきました。

それから、尖閣は3つの島だけなのかというご質疑でございますけれども、ご承知のとおり、南小島、北小島、そして魚釣島というのがございますけれども、これは尖閣諸島ということでございますので、たくさん島があるので、全部、現在手元資料がございませんので、全部述べることはできませんが、この名前につきましては、日本政府がこういったトラブルを防ぐために、それぞれの島、全てではないのですが、命名をいたしました。これに対抗いたしまして、中国も命名をしたそうでございますけれども、その中で中国名と日本名の呼び方があると、こういう理解であろうかと思います。

3番目につきましては、聞き取れなかったので、もし必要であればもう一度お願いをいたします。

○**山崎進議長**　9番、蛭間靖造議員。

——9番蛭間靖造議員登壇。

○**9番（蛭間靖造議員）**　答弁ありがとうございました。

再度質疑させていただきますけれども、尖閣諸島にはあと大正島とそれから久場島というのがありまして、これは中国名がついていて、大正島については、日本の国の持ち物で、大正島については持っていると、この2つの島が、先ほど言った内容で言えば、

第十一管区海上保安本部の提供する区域一覧表を見ると、中国名がついていて、現在も
それが使われていると、日本名ではなくて現在もそれが使われていると、こういう状況
でございます。

　それで、もう一点質疑したいのは、その固有の領土といった概念です。概念が本当に
存在を、私はしないと思うのですけれども、固有の領土という、例えば先ほど井上議員
さんが言ったように、国際法上の概念というのは、私はないというふうに思っています
けれども、その点についてもう一度お願いをしたいと思います。

　あとやっぱり何といっても、先ほど松本議員が言ったように、外交努力がほとんどな
い中で、こういう問題が起きてしまっていると、もっともっとやっぱり日本の政府は本
気になって外交努力をして、日本の立場を明確にしていく、こういうことだというふう
に思います。その点についてもお願いをいたします。

　以上でございます。

○山崎進議長　答弁を求めます。

　19番、井上英治議員。

——19番井上英治議員登壇。

○19番（井上英治議員）　お答えいたします。

　固有の領土ということでございますけれども、国際法上について固有という言葉があ
るのかということについては、残念ながらつまびらかではございませんけれども、日本
政府が使っている言葉なので、この意見書の中で使用させていただきました。

　以上であります。

○山崎進議長　ほかにございますか。

——「なし」と言う人あり。

○山崎進議長　以上で議第16号議案に対する質疑を終結いたします。

　お諮りいたします。本案については委員会付託を省略したいと思います。これにご異
議ありませんか。

——「異議なし」と言う人あり。

○山崎進議長　ご異議なしと認めます。

　よって、委員会付託を省略することに決しました。

続いて、討論を求めます。

　4番、松本浩一議員。

————4番松本浩一議員登壇。

○4番（松本浩一議員）　4番、松本浩一です。議第16号議案　尖閣諸島をはじめとする日本国有の領土の保全に対して、政府に断固たる決意を示す行動を求める意見書案について、日本共産党議員団を代表して、反対の立場で討論いたします。

　日本共産党は、尖閣諸島や竹島は歴史的にも国際的にも日本の領土であることは明らかであると主張しております。尖閣諸島の存在そのものは古くから中国にも日本にも知られておりました。しかし、領有を示す記述は文献などにもありません。近代まで尖閣諸島はどの国の支配も及んでいない国際法でいう無主の地でした。その後、尖閣諸島を探検した日本人の古賀辰四郎氏が1885年に同島の貸与願を日本政府に申請し、政府は沖縄などを通じた現地調査の上で、1895年1月の閣議決定で尖閣諸島を日本領に編入しました。歴史的にはこの措置が尖閣諸島に対する最初の領有行為でした。これは、無主の地を領有の意思を持って占有する先占に当たり、国際法で認められている領土取得のルールです。その後、第2次世界大戦まで日本の実効支配が行われておりました。戦後、米軍の支配下に置かれましたが、1972年の沖縄返還とともに日本の施政に戻っています。

　中国は、1895年から1970年までの75年間、一度も日本の領有に対して異議も抗議も行っておりません。実際、1953年1月8日付の中国共産党機関紙「人民日報」は、尖閣諸島という日本の呼称を使って、同諸島を日本の領土に含めて紹介していました。中国側は、領有権の主張の根拠に、日清戦争に乗じて日本が不当に尖閣諸島を奪ったという提案を上げています。日清戦争で日本は、台湾とその附属島嶼、澎湖列島などを中国から不当に割譲させましたが、尖閣諸島は日本が奪った中国の領域に入っておりません。台湾、澎湖の割譲を取り決めた日清戦争の講和条約、下関条約の経過から見ても、中国側が尖閣諸島を自国領土と認識していなかったことは明らかです。

　日本の尖閣諸島の領有は、日清戦争による台湾、澎湖列島の割譲という侵略主義、領土拡張主義とは性格が全く異なる正当な行為でした。このように歴史的にも国際法的にも尖閣諸島が日本の領土であることは明らかであります。尖閣問題をめぐる紛争問題の解決に何よりも重要なことは、日本政府が尖閣諸島の領有の歴史上、国際法上の正当性について、国際社会と中国政府に対して理を尽くしてきちっと主張することです。この点で歴代の日本の政府の態度は、1972年の日中国交正常化以来、本腰を入れて日本の領土の正当性を中国側に対して主張してこなかったという弱点があります。領土確定の

　好機だった1978年の日中平和友好条約の交渉過程では、中国の当時のトウ小平副首相が尖閣領有問題の一時棚上げを唱えたのに対して、日本側は領有権を明確な形で主張しませんでした。1992年に中国が領海及び接続水域法という国内法で尖閣諸島を自国領に含めたことに対しても、日本側は事務レベルの抗議にとどまりました。当時棚上げしたということは、領土に関する紛争が今もあることを認めていることにほかなりません。

　民主党政権でもその姿勢は同じでありまして、2010年9月の中国漁船衝突事件では、国内法で粛々と対応すると言うことだけです。尖閣諸島は日本の領土であることは歴史的にも国際法的にも疑いのないことだと述べながら、領有権の問題はそもそも存在しないなどと主張し、この間、30回以上にわたって日中間の首脳会談、懇談、外相会談が行われましたが、尖閣問題で突っ込んだやりとりがされた形跡はなく、日本政府が国際社会に主張した例も見当たりません。尖閣諸島の問題を解決するためには、領土問題は存在しないという立場を改めて、領土問題にかかわる紛争問題が存在することを正面から認めて、冷静で理性的な粘り強い外交交渉を行うことが必要であります。

　竹島は、日本海航海者の航目標であったため、古くから日本人にも知られ、松島の名で日本の文献にもあらわれ、アワビやサザエなどの漁に利用されていました。しかし、この島の帰属は文献的には必ずしも明確ではありませんでした。1905年竹島でアシカ漁に従事していた隠岐の島の中井養三郎氏から10年間の貸し下げを出されたのを受けて、日本政府は同年1月の閣議決定で竹島を日本領として島根県に編入をいたしました。竹島はこれ以来、日本領とされてきました。

　1951年のサンフランシスコ平和条約第2項A項も、竹島を朝鮮に対して放棄する島の中に含めておりません。それは条約作成の過程からも明らかです。この経過から竹島の日本の領有権の主張には歴史的にも国際的にも明確な根拠があることは明らかであります。現在の韓国の実効支配は、1952年に竹島を囲い込む境界線を設定し、1954年に常駐守備隊を配備し、占拠するようになったことが始まりです。

　一方で、日本が竹島を編入した時期と日本が韓国を植民地にしていった時期とが重なっているという問題があります。1904年には、第一次日韓協約が結ばれ、韓国は事実上外交権を奪われ、異議申し立てができない状況でした。竹島はその翌年1905年に日本に編入され、1910年には韓国併合条約が結ばれております。日本による植民地支配の歴史を無視したままでは、韓国との間の歴史的事実に基づく議論はできません。竹島をめぐって今問題なのは、日韓両政府の冷静な話し合いのテーブルがないことです。韓国では、国民の大多数が独島、竹島の韓国名ですが、韓国の領土で日本帝国主義の侵略で奪われた最初の領土だと考えています。そのもとで話し合いのテーブルをつくるに

は、まず日本が韓国に対する過去の植民地支配の不法性と誤りをきちっと認めることが不可欠であります。その土台の上で歴史的事実を突き合わせて問題の解決を図るべきです。

　ところが、日本政府は、1965年の日韓基本条約の締結に至る過程での竹島領有をめぐる韓国政府との往復書簡による論争でも、今日でも、韓国併合、植民地支配を不法なものと認めておりません。日本政府が植民地支配の不法性、その誤りを正面から認め、その土台の上で竹島問題についての協議を呼びかけるなら、歴史的事実に基づく冷静な話し合いが可能となってまいります。

　このような原因究明なしに領土問題の解決はできません。領土問題の解決はあくまでも歴史的事実と国際法上の道理にのっとり、冷静な粘り強い外交交渉によってこそ解決を図ることが大事であります。尖閣諸島問題と竹島問題は性格は異なり、解決の方法も異なりますが、緊張を激化させるような行動は、双方が慎まないと問題の解決にはなりません。今回の意見書は、桟橋をつくるなど専ら物理的な対応を強化することに主眼を置いたものになっています。つまり、冷静な外交交渉による解決の立場は全く欠落しています。歴史的事実と道理に立った冷静な話し合いこそが真の解決につながります。

　また、この意見書は、国に断固たる決意を示す行動を求める2つのことについて、現実的でないことを国に求めております。このようなことではかえって問題を難しくしてしまいます。このような内容の意見書を決議して国に提出することは、春日部市議会の見識が問われかねません。

　以上のことを申し上げて、この意見書には反対をいたします。

○山崎進議長　ほかにございますか。
　29番、小島文男議員。

　　　　　　　　　　　　　　　　　　　　　　　——29番小島文男議員登壇。

○ **29番（小島文男議員）**　29番、小島文男です。賛成の立場に討論に参画をいたします。
　議第16号議案　尖閣諸島をはじめとする日本国有の領土の保全に対して、政府に断固たる決意を示す行動を求める意見書について、賛成の立場で討論に参加いたします。
　この問題は、今ニュースで大変中国で暴徒化して暴動が起きております。幸いにして、我が日本人は冷静に対応しております。中国大使館とか日本国内でも一切のデモ行為はありません。やはり日本のほうが大人だなと、そんな感じがしております。
　それで、これは市議会で問題になりましたが、この問題は、国と国との問題で、市議会ではちょっと解決するまでには手が出しかねないと思いますけれども、やはり春日部

市議会から出た大切な意見でありますから、これを尊重して、国にみんなでお願いしていくという形がよろしいかと思います。

　尖閣も個人の方が持っておられて、野田総理がお買いに、国として石原に負けずに買ったものです。それですから、これは間違いなく所有者は日本の方、北方四島だけは戦争で負けて占領されてしまったのですから、これはなかなか難しいのです。好意的に返還するという話までまだいっていないです。ただ、これは国政レベルで、もう少し国会の先生方に努力していただかなければならない。その努力に対して我々も後ろから応援していかなければならないと思います。それですから、この問題につきましては、みんなで、尖閣諸島を含めみんなで国政レベルで協議してくれるようにお願いするという形で私は持っていったほうがよろしいかと思います。

　何はともあれ、よい意見を出してくれましたことに心から賛同申し上げまして皆様の賛同をお願い申し上げまして、賛成討論といたします。

○山崎進議長　ほかに討論ございますか。

　　　　　　　　　　　　　　　　　　　　　──「なし」と言う人あり。

○山崎進議長　以上で討論を終結し、採決をいたします。

　本案について賛成の議員の起立を求めます。

　起立者の人数を確認しますので、しばらくそのままでお待ちください。

　　　　　　　　　　　　　　　　　　　　　　　　──起立多数。

○山崎進議長　起立多数であります。

　よって、議第16号議案は原案のとおり可決されました。

　　　　　　　　　＊　　　　＊　　　　＊

　以上。

4．保守系と見られた市議が共産党と選挙スクラムを組み、たった 5 票差となった春日部市長選挙の実際

（1）　保守分裂──日本共産党との選挙協力・共闘の是非

　春日部市での直近の市長選挙は、平成 29 年 10 月 22 日投票でしたが、いわゆる保守分裂の激しい選挙となりました。

　これまでの春日部市長選挙は次の様な結果でした。

いわやさんと共に

新市長で変えよう春日部

・平成 7 年 11 月（投票率 38.04%）　庄和町との合併による新・春日部市長選挙

　　　石川良三（保守 A 系）23554 票、小久保（保守 B 系）21184 票、秋山（共産党）

　　　11748 票、しばた（保守系）9212 票、栄（保守 B 系）7101 票。

・平成 21 年 10 月（投票率 39.01%）

　　　石川良三（現職）44279 票、小久保（保守 B 系）30703 票。

・平成 25 年 10 月（投票率 23.08%）

　　　石川良三（現職）30707 票、並木（共産党）15172 票。

　この様な選挙実績と、新聞沙汰になるような失点が現職にはない事からして、平成 29 年 10 月 15 日投開票の市長選挙も現職優位と見られていました。

　春日部市の保守陣営は語弊を恐れず簡単に言えば、土屋品子衆議院議員、白戸幸仁県会議員、市議会会派「新政の会」につながる現職石川良三市長（当時 66 歳）の流れ（A）と、佐久間元県議会議員、市議会会派「前進かすかべ。未来の会」（前回の 2018 年市議選前は「新風会」）と言った流れ（B）があり、競い合ってきました。

　平成 29 年 10 月の市長選挙もその流れ（A と B との闘い）かと思われていましたが、何と驚いたことに（A）陣営から（B）陣営の支援を受けて、岩谷一弘市議会議員（当時 52 歳）が立候補したのです。

番号	5	4	3	2	1	
候補者氏名	いわせ一弘	いれや一弘	いろや一弘	いはや一弘	いはや	投票
	7-12	7-15	7-14	7-10	7-9	開票立会人決定
	有効	有効	有効	有効	有効	市選挙管理委員会決定
	有効	有効	有効	有効	有効	

別記2（岩谷 一弘 の有効票から抽出した投票）

番号	29	28	27	26	
候補者氏名	い	いかわ	いわろサ	いわやかずひろ	投票
	6-3	6-2	6-1	7-13	開票立会人決定
	有効	有効	有効	有効	県選挙管理委員会決定
	無効	無効	有効	有効	

別記2（岩谷 一弘 の有効票から抽出した投票）

投票用紙の例。上段は春日部市選管。下段は県選管による投票用紙の有効・無効の判断。別ページの例と比較すれば公平さが分かる。

　ここまでは、どこにでもある「保守分裂選挙」であり珍しい事ではありません。しかし岩谷陣営はトンデモナイ選挙作戦に出てきます。日本共産党との選挙協力・共闘です。

◎国政なら大問題の共産党との選挙協力・共闘

　日本共産党との選挙協力・共闘は、国政レベルでは大問題となっているのは国民周知の事です。自民党・維新・国民民主党は反対、立憲民主党は消極的でしょう。誰も、日本共産党とは仲良くしたくないのです。共産党は「白アリと同じだ」と言った国会議員もいました。それは、日本共産党の歴史を知っていれば当然のことです。

　日本共産党の歴史も実態も知らない方は、ぜひ、今や古典的存在の立花隆著「日本共産党の研究」（講談社文庫）や最近の書物では「こんなに怖い日本共産党の野望」（梅沢昇平著　展転社）「日本共産党の正体」（福富健一著　新潮新書）「左翼老人」（森口朗著　扶桑社新書）等をお読みください。そしてまた私が青春時代支持していた「民社党」の共産党リンチ事件批判資料を掲載しますのでぜひ合わせてお読みください。

　不肖私も青春時代の仕事であったＪＲ（元、国鉄）の労働運動の経験から日本共産党の過ちについては確信を持っています。何しろ日本の労働運動史の中で初めて日本共産党は間違っているとの声を上げたのは、ＪＲ（元、国鉄）の労働運動の先輩で、、国鉄労働組合書記長を務めたこともある、故「星加要」（元財団法人富士社会教育センター総主事）氏達であり、その名を「国鉄反共連盟」（昭和22年10月に国鉄上野駅会議室で結成）と名乗ったのです。

　そこで、簡単に日本共産党の歴史を振り返ってみると次のようになります。

◎日本共産党暗黒史

（戦前）
- 1921年（大正10年）、片山潜（昭和8年没）がコミンテルン執行委員に選ばれる。
- 1922年7月、渋谷区で、コミンテルン日本支部として発足。だから、「日本」共産党。堺俊彦委員長。中央委員に、山川均、荒畑寒村、近藤栄蔵、高津正道、徳田球一。
- 1922年、コミンテルン指示で天皇制打倒（ブハーリンテーゼ）を掲げる。治安維

日本共産党は戦後も暴力革命路線に狂奔した（写真は昭和25年，レッドパージの前夜警官隊に取囲まれた共産党本部）

事件を報ずる当時の東京朝日新聞

『歴史を偽造する日本共産党』昭和51年7月、民社党教宣局発行から

持法（1925年制定）の原因となる。

● 1932年、「帝国主義戦争を、内乱に転化し天皇制を革命的に転覆」させると言う、軍事革命路線の「32年テーゼ＝日本における情勢と日本共産党の任務」を起草。その後「赤色ギャング事件」勃発。

● 1933年（昭和8年）12月、宮本顕治のいわゆるリンチ殺人事件で小畑達夫死亡。

● 1933年、コミンテルン指示への反発で転向者続出。「共同被告同志に告ぐる書」

を発表し、最高指導部の佐野学、鍋山貞親が離党。

● 1944年、宮本顕治に無期懲役の一審判決。1945年5月上告棄却。

（戦後）

● 1946年、天皇制廃止の「人民共和国憲法草案」発表

● 1946年8月、衆議院本会議で、現在の日本国憲法に反対。9条では国を守れない
　と国会で野坂参三が演説。

● 1947年、共産党主導の「産別会議」による、「吉田内閣打倒」「人民政府樹立」を
　目指した参加人員450万人という「2.1ゼネスト」にGHQが中止命令。「共産党
　排除」の民主化運動で1950年の「総評」結成へ発展しますが、共産勢力に潜り込
　まれ総評も左傾化したため「4単産声明」を19552年12月に発表し総評脱退し
　て「全労」を結成。そして1964年11月には全官公。総同盟との組織統一し「同盟」
　結成へと発展してゆく。

● 1950年6月、北朝鮮軍が38度線を越えて南へ侵略、朝鮮動乱勃発。国連安保理
　は16ヶ国の国連軍を派遣。

● 1951年の51綱領（文書）で軍事方針決定。国連軍の後方補給妨害のため「山村
　工作隊」「中核自衛隊」「火炎瓶闘争」「警察官殺害」「交番襲撃」を行う。その為
　1952年「破防法」施行。

● 1952年、電産（日本電気産業労働組合）や炭労（日本炭鉱労働組合）の長期政治
　スト。総評の左傾化反対で4単産声明（全繊同盟・海員組合・全映演・日放労）。
　1954年全労会議。1964年同盟（全日本労働総同盟）、そして1989年連合（日本
　労働組合総連合会）結成に発展。共産党系は全労連となった。

● 1955年の6全協で暴力化革命方針を自己批判。「敵の出方論」への転換。

● 1958年、野坂議長、宮本書記長を選出。51綱領廃止。

● 1961年、二段階革命論を決定。

● 1970年、宮本委員長、不破書記長選出。70年代に民主連合政府樹立を決議。

● 1977年、宮本顕治委員長選出。1982年には、不破哲三委員長選出。

● 1987年、（昭和62年）国鉄分割民営化反対闘争を、社会党勢力とともに国鉄労働
　組合（国労）として推進したが敗北。

● 1982年（昭和57年）9月2日付朝日新聞朝刊（大阪本社版）で報道された慰安
　婦問題は、1947年（昭和22年）に、「日本共産党」から下関市議会議員選挙に立
　候補し、129票を獲得したが]落選した、吉田清治氏の従軍慰安婦証言を、朝日新
　聞が大虚報報道した事から始まる。

- 1987年（昭和62年）、国鉄分割民営化反対闘争を、社会党勢力とともに国鉄労働組合（国労）として推進したが敗北。

- 2000年、現在の志位委員長就任。既に20年経過。本部委員長は、何時も「長期政権」。毎回割れるような拍手で再選。民主集中制と言う名の独裁制度での党運営。野坂参三、宮本顕治の様に党代表が国会議員で無い時代も長かった。憲法67条では総理大臣は国会議員から選出だが「国会は革命の道具」という議会制民主主義無視の立場だからだろう。

- 2018年10月と11月の日韓条約無視の韓国最高裁「朝鮮人戦時労働者個人請求権」支持を主張する「日本共産党」は、韓国の代弁者（2018年11月2日と4日付赤旗）であり日本人の敵。

　この、韓国最高裁「朝鮮人戦時労働者個人請求権」問題では、驚くべき事実を「デイリー新潮」が報じています。2019年11月28日経済評論家の上念司氏は概ね次のように語りました。

　「2004年刊行の朝鮮総連（金賛汀：チャンジョン著、新潮新書）で、彼は戦後間もない時期の朝鮮総連の活動資金は、帰還労働者の未払い賃金を日本企業が支払った4,366万円（現在の貨幣価値換算で数十億円）で総連の活動資金に廻された。これらの豊富な資金は、金天海（キムチョンヘ　日本朝鮮人連盟最高顧問）が中央委員に選出されたこともあって、日本共産党再建初期の活動資金のほとんどは、朝鮮総連が拠出した。こうして朝鮮総連と日本共産党の強い結びつきが成り立った……まとめると朝鮮総連が企業から金を徴収し、それを日本共産党に献金した、という具合に金が流れたのだ」と書いています。

◎共産党火炎瓶闘争弁明の嘘

【火炎瓶闘争の経過 ➡ 1950年1月コミンフォルムが日共の平和革命論を批判。党は分裂。主流派（徳田球一、野坂参三ら）国際派（宮本顕治、志賀義雄ら）】

❶ 1951年（昭和26年）に5全協で、軍事方針の51綱領を採択。この方針に基づき「中核自衛隊」「山村工作隊」「交番襲撃」「」等を展開したが、失敗する。そのため、27年10月の総選挙で今までの35議席はゼロとなりました。

❷戦術転換し51綱領を廃止（昭和33年の第7回党大会）。3年後の昭和36年の第8回党大会で「敵の出方」論へ。

【弁明の嘘 ➡ 5全協は党分裂時の正規の会議ではない。だから、51綱領は分派によるもので党とは関係ない……】

❶だが、「……5全協も……不正常なものであることをまぬがれなかったが、ともかくも一本化された党の会議であった」（前衛NO.145、第7回大会決定報告集p52・53）との記述は、5全協は党統一後の会議だ。だから、51綱領も党の正式綱領だ、と言う事（武装闘争は事実）を証明しています。また、分派の文書ならば、党大会で正式廃止の必要は無いはずです。

❷だから、この批判に対して、実に、第7回大会正規採択から31年後の平成元年第4回中央委員総会会宮本議長発言で「……過渡期の仕事におわれて、こういう文書の点検で不備が残った……」と苦しい言い訳をしたり、平成5年6月25日付け赤旗では、今後は「51年文書」の用語を使うとの、常任幹部会声明をのせたり打ち消しに躍起です。

❸しかし、ここで大切なことは、共産党は、武装闘争は間違い・反省した訳ではなく、「立ち上がった情勢を見誤った」という認識でいる、と言う事です。6全協決議（昭和30年）では「我が党の基本方針は依然として新しい綱領にもとづいて……たたかうことである」と擁護しています。

❹日本共産党の武装闘争の「嘘」については、「日本共産党の戦後秘史」（浜本達吉著㈱産経新聞出版発行）に詳しいが、元共産党中央委員会勤務員であった著者に言わせれば、「極左冒険主義は分裂していた一方が、勝手にやったものだなどと主張することは、宮本の性格的な特徴である、ウソと欺瞞にみちた責任回避以外の何ものでもないだろう」「実際は国際派が所感派を煽っていた」「宮顕が新綱領と軍事方針を認めて復帰」「主流派を日和見主義と批判することで心理的に極左冒険主義の方向へと追い込んでいった……したがって、武装闘争路線の採用については宮本らにも、徳田・野坂主流派と全く同等の責任があり、同罪である」（p99）と、一刀両

断です。

❺日本共産党火炎瓶闘争弁明の嘘を決定づけるのは以下の2項目でしょう。

①共産党が火炎瓶闘争を行っていた間に、昭和27年3月7日付読売新聞。27年4月1日付及び4月12日・5月29日・11月18付朝日新聞が、その暴力活動を大きく報道しています。

②また、共産党火炎瓶闘争の一環として行われた昭和27年1月の札幌市警警備課長「白鳥警部射殺事件（実行犯は佐藤博・日本共産党札幌委員会軍事部員）」や、昭和27年7月の「大須騒擾事件」の判決の中でも共産党の暴力闘争は認定されています（警察庁広報誌「焦点」269号より）。

(2) 岩谷候補の変質──市長選挙公約との違い

春日部市での平成29年10月22日の市長選挙では、岩谷候補は、今まで自分が市議会会派の「新政の会所属の市議会議員」として発言し行動して来た事を変質させました。多分、日本共産党との影の共闘、日本共産党支持者の取り込みのためでしょう。誰にでも誤解や判断の過ちはあるのですから、訂正・変更の理由を述べればよいと思うのですが、そんな事はお構いなしで、ただ選挙のためだけにブレるのが問題であり、ここにノンポリ保守の危うさを見ることができます。具体例を岩谷候補の発言や行動の事実から、市長選挙公約との違いを指摘しましょう。

①一番目として、岩谷候補は、「公民館使用料の減免」を公約としていますが……27年12月議会で「公民館の施設・設備・備品の改善についての請願」に反対。26年12月議会で「公民館使用料を無料に戻すことについての請願」に反対。26年3月議会で「「公民館を無料にもどすことを求める請願」に反対しているのです。

②二番目として、岩谷候補は、「住宅リフォーム助成制度」を公約としていますが……23年9月議会と23年12月議会で「住宅リフォーム助成制度の創設を求める請願」に反対しています（日本共産党春日部市議団ニュース2018年10月発行を参照）。

③三番目として、やはり岩谷候補は、「公契約条例の検討」を公約としていますが……23年6月議会で「公契約条例の制定を求める請願」に反対しているのです。

これらの事例だけ見ても、まさに変節した事は明かです。何れも春日部市議会ホームページから確認できます。「自分が市長になったら何をする」等と言う公約など、そっちのけの「唯、選挙に勝てばよい」との政局がらみの姿勢が見えてきます。

しかも、これらの請願は共産党系の組織、団体、労組から議会へ提出され、共産党議員が紹介議員になり、請願賛成討論を、同じく共産党議員が行っているのです。共産党票を貰うための「変身」と考えるのは当然でしょう。そして選挙選中盤以降、共産党の活動家がビラのポスティングなど一斉に動き始めてきたのです。私の支持者からも問い合わせが来て、私はこの選挙は接戦になると判断しました。

【選挙結果】

10月15日告示。22日投票の開票結果は、現職石川良三候補48,453票。市議会議員岩谷一弘候補48,445票。無効票2,243票で、8票差と言う大接戦でした。

そして、異議申し立てがされ、12月26日市選管は、全投票用紙を再点検、修正を発表。現職石川良三候補48,449票。市議会議員岩谷一弘候補48,444票。無効票2,248票で5票差。異議却下でしたが、さらに異議申し立てがあり埼玉県選管が修正結果を、翌年3月14日に発表。現職石川良三候補48,450票。市議会議員岩谷一弘候補48,445票。無効票2,246票で5票差（異議棄却）としました。

石川良三候補の市長選ポスター

別表の例にもあるように岩谷陣営にも「有効票」と読めるかどうか、ギリギリの票でも「有効」とした投票用紙もあるにも拘わらず、岩谷陣営は納得せず東京高等裁判所に訴えましたが、高裁は7月12日、請求を棄却。判決は「裁決は正当で請求は理由がない」（7月13日付毎日新聞）と伝えられています。

岩谷陣営が主張していた「ずさんな市選管」「公職選挙法では原則公開なのに非公開で行われた」「異議申出人の参観も認めなかった」「疑問票判定は密室で行われた」と言うことは認められなかったのです。結果は逆転せず、8票差が5票差になり、石川氏の4選が成立したのです。

仮に岩谷候補が逆転勝利した場合の市政運営を考えると、選挙協力した共産党の影響力は無視することは出来なくなります。そして、その行き着く処は、財政の悪化、生活保護費の増大、公務員数の増大、ヤミ手当支給、職場規律の乱れ、住民サービスの低下

86	80	60	59	58	57	56	61	132	131	
候補者氏名	候補者氏名	候補者氏名	候補者氏名	候補者氏名	候補者氏名	候補者氏名	候補者氏名	候補者氏名	候補者氏名	投票
石川良川	石川良一	石塚良三	石井良三	石原民三	石り川エラ ヂラ	石川	石山良三	いしかりょう	良	
3-23	4-21	3-32	1-41	1-33	1-22	4-1	3-170	1-43	4-10	
有効	有効	有効	有効	有効	有効	有効	有効	有効	有効	市選管判定
有効	有効	有効	有効	有効	有効	有効	有効	有効	有効	県選管判定

81	120	93	92	91	55	54	53	52	51	
候補者氏名	候補者氏名	候補者氏名	候補者氏名	候補者氏名	候補者氏名	候補者氏名	候補者氏名	候補者氏名	候補者氏名	投票
石川良三	石田良	石川良造	石川良造	石川良川	石川良三	白川良三	市川良三	市川良三	市川良之	
1-39	1-42	4-30	3-171	4-17	3-159	1-34	2-71	3-150	3-5	
有効	有効	有効	有効	有効	有効	有効	有効	有効	有効	市選管判定
有効	有効	有効	有効	有効	有効	有効	有効	有効	有効	県選管判定

投票用紙の実例、上段は春日部市選管、下段は県選管が下した「岩谷票」の判断で前出の石川候補の投票例と比較しても公平さは保たれている

など、昭和40〜50年代の「革新自治体」の例を挙げればキリがありません。

　例えば、実際に春日部市内の市立豊春中学校で2014年12月に発生した事件ですが、53歳の2年クラス担任の男性教諭が、「昔歩んだ危険な道への後戻り」と言う「マイナンバー制度」批判文書を配布。2015年12月には「安全保障関連法反対」のシールズのデモと主張を取り上げた「共産党機関紙赤旗」のコピーと安倍総理の「70年談話」を「欺瞞」とした文書を配布し、授業を行っていました。これに対する、市教育委員会の処分は「担任を外し口頭注意（その後、文書訓告処分）」程度の、真に軽い処分で済ませましたため、私は市議会で取り上げましたが、保守系市長の下でも、こんな軽い処分ですから、共産党の影響力が強くなった市政となったら偏向教育はやり放題となりかねません。

　また、これは大阪での話ですが、共産党議員団で、税金が原資の「政務活動費」で共産党機関紙赤旗を購入していたことが発覚した、と2016年10月24日の産経新聞が報道しました。大阪府議団3人で年額31万6千円。大阪市議団6人、堺市議団5人

も同様の様だそうです。違法とは断言できないが、市民の理解を超える行為でしょう。仮に、共産党市政になったり、共産党が議会最大会派となった場合、市役所で業務のために購読している新聞や雑誌のリストに入れることは容易いし、その問題を発見することは困難でしょう。

(3) 怪文書が告発した所属会派利用

　過去、そればかりではありません。確か8〜9年頃前になると思いますが、主に市議会関係者宛に「全職員を代表する職員より」の名前で「怪文書」が配布されました。

　その要旨は一つ目には、当時国交省から派遣されていたキャリアのM副市長が、地位を利用して「業者との会食、リベート収受、談合調整」していた事を告発した内容です。

　そして二つ目には、岩谷市議が、年四回の「毎議会最終日、岩谷市議の所属会派主催の…A…での部課長の飲み会の事です。今会議は、○○部、次は△△部と召集令状という、ふざけた案内状で職員の出席を半ば強制し、自分の店に集めております。職員の中には、一滴のアルコールも飲めない職員までも出席です。先ほどの、半ば強制的と書いたのは、この飲み会に市長、副市長、議長が出席するという異常さです。恰も、「俺たちがでているのに」の如くです。嫌々ながら、仕方なく出席の職員がほとんどです。Kに毎回15〜30万円の売り上げ協力を市長、副市長、議長の看板で儲けさせる、所属会派のモラルの低俗を真に知っていただきたいと思います……」と怪文書には書かれています。

　反省会と称して自分の母親が経営する、市役所から離れたK料理店に「市長などが参加するのだぞ……」「市議会第一会派が開催するんだぞ……」と、お酒を飲めない人もいるのに圧力をかけていた、というものです。しかも、その案内状は「召集令状」と書かれていたそうで、立場を笠に着る態度だった、と言うものです。

　そんな人に、果たして春日部市の経営が出来るか疑問です。先ほどの春日部市体育館のある大沼グランド近くの料理店を本店とすれば、支店ともいうべきお店は、旧商工センター1階にもありましたし、市民文化会館にもありましたが、いずれも撤退しています。こんな実績では、安心して春日部市の経営を任せられないと思いますが、果たしてどんなものでしょうか。先の市長選は、春日部市をいかに良くしてゆくのかという政策論争でなく、政局で終わってしまった、と言う事が出来ます。

第 2 章　左翼は共産党だけでない !!──れいわ新選組の正体とは

１．れいわ新選組の正体に迫る

（1） 左翼勢力に利用される地方議会と地方議員

　左翼勢力は「日本共産党」だけではありません。私は労働運動の第1戦から離れて久しいですが、鉄道会社の経営再建＝左翼労働運動壊滅の最後の作戦であった中曽根内閣最大の功績と評価されるであろう「日本国有鉄道の分割民営化」したJR（旧、国鉄）においても、未だJR総連（革マル派主導）が多数派を占めています、JR東日本、JR北海道、JR貨物などでは民主化は終わっていません。民主的労働運動を進める労使協力路線のJR連合に対して、階級的労働運動で労使対決路線のJR総連（革マル派主導）との戦いは続いているのです。この辺の事情は「暴君新左翼・松崎明に支配されたJR秘史」（牧 久著、㈱小学館）「トラジャ-JR革マル30年の呪縛、労組の終焉」（西岡研介著、東洋経済新報社）を読んで頂きたいと思います。

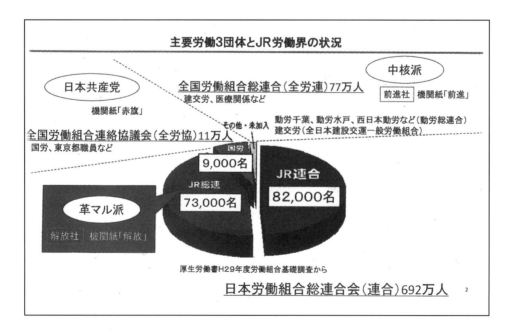

　JR総連（革マル派主導）は労働界だけでなく地域を巻き込むため「JR総連議員団会議」を組織して総連と連携していくことを決めています。

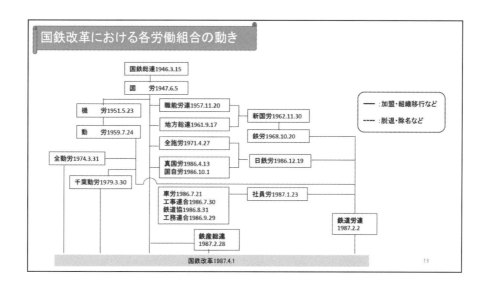

階級的労働運動と民主的労働運動の違い

	民主的労働運動	階級的労働運動
思想	労働組合主義	マルクス・レーニン主義
労使関係	労使対等が基本原則。 労使は共通の基盤をもつが分配では対立する相対的労使関係に立っている	絶対的敵対関係が基本。労使は搾取─被搾取の関係にあり、不倶戴天の絶対的対立関係にある
生産性運動	生産性3原則を遵守して、組合員の生活向上のために取り組んでいく。賛成、反対ではなく取り組むか取り組まないかである	生産性に協力することは、会社の搾取に協力することだから絶対に認められない
要求行動	団体交渉、労使協議重視	ストライキ重視
政党	議会制民主主義 複数政党による選挙を通じて政権交代 政治スト反対	プロレタリアートによる独裁 まず民主連合政府をその後は一党独裁 政治ストの乱用
組織運営	組合民主主義	民主集中制

国鉄改革における各労働組合の動き

　そのメンバーは、顧問：田城 郁（前参議院議員）、団長：高橋美奈雄（高崎市議）、副団長：日角邦夫（函館市議）、楠達男（関ケ原町議）、幹事長：羽田房男（福島市議）、幹事：小笠原直治（安平町議）、秋村光男（青森市議）、矢田松夫（山陽小野田市議）です。そして東日本には「連帯する会」なる組織を立ち上げメンバーとして、東京都議会、以下、足立区、豊島区、取手市などから議員・前議員ら 1,000 名を集めた集会や 73 万円のカンパを集めるなどの活動を行っています。まさに地方議会・議員が左翼運動に利用されていると言えるでしょう。

(2) 山本太郎ブームの背景

それと同様に、「黒帯背負って市議会へ」で少し触れたが、山本太郎氏率いる「れいわ新選組」を大躍進させた、［市民の党］という組織があります。一見、土着の地域に根ざした住民の身近な問題解決を目指す政党か、と思いきや、実は産経新聞（2011年7月2日や2015年7月7日付）で報道されたように、その代表は、日本共産党よりももっと過激な思想（中国共産党の毛沢東主義）を持つ「酒井剛」氏です。

彼の組織遍歴は次のとおりです。

➡日学戦（全学連運動時代の中心であった共産同「共産主義者同盟＝ブント」戦旗派系の組織）

➡三里塚を支援する労働者の会

➡立志社（毛沢東思想に立脚した党

➡ MPD（平和と民主主義運動）

➡大衆党

➡護憲リベラル

➡平和・市民

➡市民の党

➡政権交代をめざす市民の会

この流れに、資金提供していたのが、市民の党の地方議員、そして旧民主党菅直人、鳩山由紀夫などの民主党関係者なのです。

そして彼は、「ＡＥＲＡ」2003年10月27日号の対談で「毛沢東思想、マルクス・レーニン主義で革命をやろうと思っていた？」の問いに対して「今もそう思っています……そう、革命一筋。この30年間、他に何も考えたことはない」「革命の一手段として選挙を最大限に使いたい。僕は革命のために選挙をやっている」と答えているのですから、選挙で地方を固め、政権奪取を目指す、れっきとした革命思想家なのです。

東西冷戦は終わりました。平和な時代が来た……などと呑気なことでは日本は守れません。ドイツのヒトラーが民主的なワイマール憲法下の選挙で政権獲得した事を、決して忘れてはいけないと思います。

この事は「ＭＰＤ・平和と民主運動 - Wikipedia」や「山本太郎と北朝鮮繋がり「市

民の党」に献金している議員」等でネット検索して貰えば、そこには以下に要約したような内容の事が書いてあり、今でも姿・形を超えて左翼共産主義勢力が跋扈しているのです。山本太郎人気は、一時の社会党「土井たか子ブーム＝日本滅亡」以上の危機を起こすかもしれません。要＊注意なのです。

(3) 「市民の党」とは

① 1996年結成の「市民の党」

　1996年結成の「市民の党」斎藤まさし代表（本名は酒井剛）は、1951年生まれ。島根県太田市出身。上智大学外国語学部ロシア語学科を除籍しているそうです。

　市民派（左翼）選挙の神様として有名で、勝手連市民パワーを巻き起こしました。2013年の参議院議員選挙では山本太郎も支援を受け議席を受けています。市民の党が勝手連で応援し、それぞれ当選した国会議員等は、1998年の中村敦夫参議院議員。1999年の秋葉忠利広島市長。2000年の川田悦子衆議院議員（東京21区・補欠選挙）。2001年の堂本暁子千葉県知事。2002年の黒岩宇洋参議院議員（新潟県・補欠選挙）。篠田昭新潟市長。2004年の喜納昌吉参議院議員。2006年の嘉田由紀子滋賀県知事。2007年の大河原雅子参議院議員。

　その他、地方議会にも手を伸ばし、東京では武蔵野市、三鷹市、立川市。神奈川県では、厚木市、座間市、相模原市、平塚市などの市議会に議員がいます。1990年には下元孝子が都議会議員に当選し1期務めました。また、小金井市議会では2議席を有し、野見山修吉が市議会議長を務めていましたが、2013年の市議選において2名とも落選し議席を失った、と言います。これらの地方議員から「市民の党」への違法な政治献金が行われていたと、2015年7月7日の産経新聞が報道しました。

② 2人の横浜市議会議員

　2002年6月にはの市民「の党」所属の、井上桜・与那原寛子の2名の横浜市議会議員が市議会議場の日の丸を引きずり降ろそうとし、議長席と事務局長席を占領。6月25日の本会議にて、議員総数86名のうち自民、公明、民主、横浜みらいの69名の賛成で　議員を除名されました。

③北朝鮮勢力の背景

　2011年春の統一地方選挙に「市民の党」公認で挑戦したが落選した「森大志」の父親は、ハイジャックしたよど号事件リーダー田宮高麿。母親は北朝鮮による日本人拉致事件で国際手配を受けている森順子。本人は北朝鮮生まれで「日本革命村」育ち。日本を金日成主義化するための革命教育を受け2004年に日本に入国していた。山本太郎氏は、この指摘を「親が悪いことしたら子供もその責任を引き受けなければいけないのか……」とユーチューブで擁護しています。

④民主党の政党助成金が……

　「市民の党」がマスコミで取り上げられるようになったのは国会で「献金」問題が取り上げられたからです。2011年7月19日の衆議院予算委員会における、自民党古屋圭司議員質問。2011年8月11日の参議院予算委員会での自民党西田昌司議員質問で、の「迂回献金」で市民の党を支援していました、疑惑が浮上したのです。この資金の動きについては「売国議員」カミカゼじゃあのｗｗｗ（株）青林堂が詳しく流れを説明しています。

2．れいわ新選組の政策を見ればわかる「左翼度」

　山本太郎氏が人気を集め、短期間で数億のカンパを集めるなどのブームを起こしている現象には警戒が必要だと思えます。そもそも山本太郎氏自身が順法精神を持っていません。2013年秋の園遊会での事です、唐突にも、原発事故の現状を手紙にして陛下に手渡す行為を仕出かしたのです。これは「国政に関する権能を有しない国および国民統合の象徴」である「天皇の政治利用」に当たるとされ、日本国憲法16条は請願権を広く認めていますが「請願法3条1項」では「天皇に対する請願書は、内閣にこれを提出しなければならない」とあり、内閣がその処理に当たることになります（2013年11月20日正論：国学院大学大原康男名誉教授）。そのため山崎正昭参議院議長は、山本太郎氏に厳重注意し、任期中の皇室行事出席を禁止にしたと聞いています。

◇　れいわ新撰組の主要政策

　したがって、れいわ新選組ホームページにある主要な政策（次に引用）を見れば、危険な「左翼思想」の持主である事は歴然です。日本を、韓国のような共産主義予備軍にしてはなりません。なお、次の「⇒」の部分は、私の意見です。

＊　　　＊　　　＊

【政権とったらすぐやります今、日本に必要な緊急政策、れいわ新選組、全ての人々の暮らしを底上げします！】

❶消費税は廃止物価の強制的な引上げ、消費税をゼロに。
　　［著者意見］⇒消費税は多くの国でも導入している様に、所得税などと比べれば徴税コストが安くできて、脱税しにくい方法です。低所得者には後日、対象者を限定してバックすべきだと思います。

❷空き家、中古マンション、団地を活用し、全ての世代が初期費用なし、安い家賃で住める公的住宅を拡充します。

　　　［同］⇒一時、都営住宅に所得をごまかして入居していた事が問題視されましたがその防止策こそ必要でしょう。第一に都心のど真ん中に公営住宅が必要なのでしょうか……。

❸奨学金徳政令奨学金に苦しむ555万人の借金をチャラに。教育は完全無償化へ。

　　　［同］⇒すでに安倍内閣は消費税で実現する、と言ってるのでは……。

❹全国一律！最低賃金1,500円「政府が補償」。活保護基準も引き上げ年収200万円以下世帯をゼロに。

　　　［同］⇒これをやって韓国は失敗。新卒の就職先がなくなり日本に探しに来ているのでは……。生活保護受給よりも自立精神養成の方が、多数の市民の声ではないか……。

❺公務員を増やします保育、介護、障害者介助、事故原発作業員など公務員化「公務員の数を減らせ」という政治家もいますが、実際は世界から見て日本は公務員の数が少なく、現場は過酷です。

　　　［同］⇒世間では、お役所仕事と言われる前例踏襲・非効率性はどう改善されるのでしょうか……。

❻災害に備える防災庁を創設。実際に復旧・復興に取り組んだNPOなどの方々も雇用し、そのノウハウを蓄積、有事に備えます。災害時、実態に合った最大限の取り組みを、国として行える組織作りを始めます。

　　　［同］⇒⇒災害対策に限らず、自助・共助・公助の精神が大切なのに、100年に1回あるかないかのために公助の事しか言わないのは左翼思想の現れではないか……。

❼コンクリートも人も〜本当の国土強靭化、ニューディールを〜公共事業のより大きな枠組み「公共投資」でみると、橋本総理から小泉総理までの10年の間に予算は半減。何かと悪者にされる公共事業・公共投資ですが、雇用や防災を考えれば必要不可欠。防災対策だけでなく水道、鉄道などの公共性の高いものは国が主導し、積極的に支出します。

　　　［同］⇒タマには良いことも言いますね……。

❽お金配ります〜デフレ脱却給付金・デフレ時のみ時期をみて〜。一人あたり月3万円を給付。4人ならば月12万円。インフレ率2％で、給付金は終了。次にデフレ期に入った際にまた再開。財源は新規国債の発行。財政出動を行い、経済成長で

税収増。国債発行はインフレ目標2％に到達するまで。到達後、金融引き締めで増税が必要な場合には、税の基本（応能負担）に還ります。法人税にも累進性を導入します。

　　〔同〕⇒要するにMMT理論ですね。インフレ率2％を超えてハイパーインフレを止める自信があるのでしょうか……。因みにMMT理論とは、「現代貨幣理論」とされ、ある条件下で政府は国債をいくらでも発行（政府債務の拡大、借金を増やすこと）しても良いという新しい経済理論で、昨今、学者等の間で議論や批判の対象になっているものです。

❾真の独立国家を目指す〜地位協定の改定を〜沖縄・辺野古基地建設は中止。普天間即時の運用停止。在沖海兵隊はカリフォルニア等へ移転。費用負担は、必要分の米国債売却。対等な同盟関係を取り組む。「トンデモ法」一括見直し・廃止TPP協定、PFI法、水道法、カジノ法、漁業法、入管法、種子法、特定秘密保護法、国家戦略特別区域法、所得税法等の一部を改正する法律、派遣法、安全保障関連法、刑訴法、テロ等準備罪など。原発即時禁止・被曝させない〜エネルギーの主力は火力〜自然エネも拡大します。東電原発事故による被災者・被害者への支援の継続、拡充を。

　　〔同〕⇒この辺でやっと「左翼の本性」が見えてきます。その他、以下の事を掲げています。

⓮障がい者への「合理的配慮」を徹底。

⓯障がい者の立場に立った合理的配慮を更に徹底。

⓰DV問題：被害者支援と加害者対策、防止教育を基本とし、DV・虐待のない社会の実現へ。

⓰児童相談所問題：家庭裁判所の判断と、里親・特別養子縁組制度の拡充。

　　　　　　　＊　　　　＊　　　　＊

3．ノンポリ左翼の「Ｎ国党」の実際は「ＮＨＫを肥やす党」

(1)　主張すべきはＮＨＫ左翼偏向放送の是正ではないか……

①視聴者を一定の方向に誘導しようとする底意のＮＨＫ

「ＮＨＫから国民を守る党」（以下、Ｎ国党と略す）は、党のホームページにあるように「ＮＨＫにお金を支払わない方を全力で応援・サポートする政党」と一般国民は理解し、ＮＨＫの放送内容に不満を持つ方から一定の支持を受け、昨年の参議院選挙では議席を獲得しました。

私もＮＨＫの放送には偏向を感じ、受信料を不払い中です。なぜなら「偏向が止まらず、視聴者を一定の方向に誘導しようとする底意を感じる」からです。比較的に中立だろう……と思われる、Ｅテレ（以前の教育テレビ）でさえ偏りが感じられます。

例えば、本年2020年4月3日金曜日に放送された高校講座「日本史：占領と国内改革」では、朝鮮戦争について、都立日野高校武藤正人教諭をゲストに招き「38度線を北朝鮮が超えたので戦争が始まり、警察予備隊をＧＨＱは急に作らせた。戦争放棄をうたった、副読本の、あたらしい憲法のはなしも、1952年から使われなくなった……」としか言いません。

そうではなく、日本軍の武装解除をうけて、朝鮮半島を米ソで分割するのに、米陸軍省内で北緯38度線が決まり、モスクワ協定で米ソ合意（信託統治後に独立）されたが、臨時政府で意見対立し国連監視下の南北選挙も南だけ実施となり1948年8月、韓国が国連に従った半島唯一の合法政府（李承晩大統領）として独立宣言。北は、翌月「朝鮮民主主義共和国」樹立を宣言。分断国家となりました。そのため、「北朝鮮が侵略してきて（単に越えたとの表現でなく）朝鮮戦争が起きました」とか、「日本が後方基地となり、日本共産党などの北朝鮮支援のための暴力革命行為からの防衛のため、破防法も成立させました」とか、折しも今年（2020年）は「朝鮮戦争」70周年です。1950

年6月25日に北の金日成が、ソ連のスターリンと中国の毛沢東の了解を得て、韓国侵略し、劣勢であったものを国連安保理決議で派遣された国連軍（米国軍だけでない、英国軍、豪州軍等の連合軍）が押し返し、38度線で対峙することになりました──とのレベルまで解説しないと、歴史を理解する事は出来ないと思います。

②女性国際戦犯法廷問題

　次に、ＮＨＫで平成13年1月30日放送された昭和天皇の戦争責任を裁くと称した「女性国際戦犯法廷」問題があります。これは、ＮＨＫと朝日新聞との間で番組内容改変に「政治的圧力があった、なかったかの争いまで」生じました。覚えている方も多いのではないでしょうか。

　その内容は、平成13（2001）年1月に、東京九段会館で「日本軍性奴隷制を裁く2000年女性国際戦犯法廷という名の『疑似裁判』」が開かれたことに起因します。9つの国や地域から60人以上の被害者を招き「日本軍による凄まじい性暴力があった」との決めつけで、集会が行われました。被害国参加者400人の他に、700人の傍聴者と300人のメディア関係者の参加があったとのことです。最終日には「沈黙の歴史を破って」と題した判決概要を読み上げ、昭和天皇裕仁を含む9人の戦時指導者に有罪を宣告した、というものです（判決部分のみ放送カットしたため朝日新聞が問題視しました）。

　法廷はバウネット・ジャパン（松井やより代表は朝日新聞記者）が「日本軍性奴隷制を裁く2000年女性国際戦犯法廷」を番組制作した、ＮＨＫの当事者自身である永田浩三や運営委員に名を連ねていたＮＨＫエンタープライズ21のプロデューサーである池田恵理子の責任は重大でしょう。

③日台戦争を史実とした虚偽放送

　そして平成21年（2009年）4月5日放送された「ジャパンデビュー、アジアの一等国」では「聞いたこともない日台戦争を史実として放送」「取材協力者の証言趣旨と異なる番組構成＝取材時点では使用していなかった、人間動物園という言葉を使用して1910年の日英博覧会に志と誇りをもって出向いたパイワン族を侮辱した」──等の訂正を要求しています。

　この様な偏向報道こそ政治的には解決すべき問題と考え、私は「メディア報道研究会」

に加入して、最高裁判所での判決言い渡しの日に、初めて最高裁大法廷での傍聴に、永田町まで行ってきました。

　しかし、一般市民のイメージとはまるきり違った事を、Ｎ国党は地方議会で行っているのです。

　春日部市役所も固定型受信機894台中の112台分のＮＨＫ受信料（年額120万6961円で他の保育・教育分は減免）を支払っていますが、携帯やカーナビ（ワンセグ）については、平成30年3月の東京高裁判決や令和元年5月の最高裁判決（放送受信不可でもワンセグは契約義務有り）まで契約保留をしていました。ところが平成30年4月の春日部市議会議員選挙で当選したＮ国党のＳ議員がユーチューブ等で「春日部市は法を守ってない……」（つまり救急車や消防車のカーナビ分も契約して受信料を支払え、と言う事）と攻撃し宣伝を始めました。市側は詳細をＮＨＫとの交渉の結果、2020年年3月議会に10部署、37台、過去分も含め376万9760円の補正予算を提出しました。

④救急車や消防車のカーナビのＮＨＫ受信料は減免すべきだ！

　今のところ地方自治体で支払いをしているのは推定で、判決前が朝霞・蓮田など7自治体。判決後は新宿区・船橋・流山など3自治体と少数です。しかし、春日部市の市議が春日部市を追及するのはお門違いではないでしょうか。これでは「国民を守る党」でなく「ＮＨＫを太らせる党」あるいは「ＮＨＫを助ける党」です。市議の立場であるならば「市民の生命にかかわる救急車や消防車のナビは減免にすべきだ……」とＮＨＫに申し入れ、交渉する方が筋を通した行動となるのではないでしょうか。

　平成31年2月現在、地方自治体数は47都道府県を除いても、指定都市20市、中核市54市、施行時特例市31市、一般市687市、特別区23区、合計815あり、このほとんどが救急車、消防車のナビTV受信料を支払うことになれば、ＮＨＫの大幅な収入増、肥大化となります。

　そして、ＮＨＫ偏向放送の影響でしょうか、春日部のＮ国党市議は、「ＴＰＰ新協定を批准しないことを求める意見書」「カジノ実施法案の廃案を求める意見書」（平成30年6月）に賛成。「オスプレイの即時撤去と新たな配備計画の撤回を求める意見書」（平成30年9月）にも賛成。「憲法改正にあたっての国民合意・慎重審議を国会に対して意見上申することを求める請願」（平成30年12月議会）にも賛成しているのですから、ノンポリ左翼とも言えます。

(2)　ＮＨＫ放送法問題と市役所内受信機の現状（議事録）

　このＮＨＫ問題について私は平成30年3月議会において、放送法の問題点、そして最高裁判決の正確な理解と、市役所内受信機の現状、有効活用について、次のように質問しました。市議会議事録から引用します。

参考資料：私も参加している「メディア報道研究政策センター」のリーフレット

＊　　＊　　＊

○滝澤英明議長　引き続き一般質問を求めます。

次に、9番、井上英治議員。

──9番井上英治議員登壇

○9番（井上英治議員）　議席ナンバー9番、井上英治でございます。よろしくお願いします。平成30年3月定例会一般質問を発言通告書に基づき質問いたします。

　今回は1項目に絞り、質問をいたします。NHK受信料に関する最高裁判決関連事項についてであります。私も昨年の12月、生まれて初めて最高裁の大法廷に行ってきました。すばらしいですね。光がぱっと議場に入るように、あ、これが最高裁かと。ここで結論が出るのだからすばらしいだろうと、こう思っていましたけれども、それを放送したマスコミは、NHKの大勝利と、こういうような感じで放送、大体流していたというふうに思います。

　その裁判の中身ですけれども、12月6日、テレビがあるのに受信契約を拒否した男性にNHKが受信料を請求できるかどうかが争われたわけであります。上告審に対しまして最高裁大法廷は、NHK受信料は合憲との判断を示しました。報道各社はNHK勝利のような報道をしましたけれども、それはちょっと違うでしょうと、もっとよく判決文を見てくださいという考えから派生しまして、春日部市役所内のテレビのNHK受信料支払い状況はどうなっているのかをお伺いしたいと思います。

　報道によれば、NHK受信料に関する最高裁裁判所判決の主な内容は、次のとおりです。1つ、NHK受信料制度は合憲である。2つ、テレビがあれば受信料契約を結び、受信料を支払うのは法的義務である。3つ、NHKが契約を求める裁判を起こし、勝訴が確定した時点で契約は成立する。4つ、テレビの設置時期にさかのぼって支払う義務がある。これだけぱっと流されると、あたかもNHKが言っていることは全部勝ちだった、こういうふうに思われるかもしれませんけれども、事実はNHK勝訴ではないのであります。

　例えばNHKが主張していたテレビ設置者にNHKからの契約申し込み通知だけで自動的に契約が成立するという主張は却下、破棄されたわけです。NHKの一方的な申し込みで成立するものではなくて、テレビ設置者との合意によって生ずる。NHKが契約をしない未契約者を相手に訴訟を起こして勝訴が確定した段階で契約が成立するということになりました。つまり、放送法が定めるのは、契約締結義務であって、受信料支払い義務ではないのであります。判決は、任意に契約を締結した者との間で契約成立には双方の意思表示の合致が必要だとはっきりと述べています。考えてみれば当たり前のこ

とであります。電気屋さんに行きました。テレビを買います。そのときに買うという契約を結んで、向こうが承諾する。こっちが金額は幾らと承諾、そして契約は成立するわけです。ところが、このNHKの受信料に関しては、その資本主義における基本的な概念を曲げて放送法ができているということであります。

したがいまして、そういうことで、NHKは全面勝利ではないわけでありますけれども、未払いの受信料を過去何年分まで請求できるかということが争われた訴訟もあります。こちらの訴訟では、NHKは時効10年を主張していましたけれども、2014年9月5日の最高裁第二小法廷では、5年前よりは時効で徴収できないとの判断を示しました。つまり、10年も20年もNHKの受信料を支払わなくても、滞納しても5年払えば済むわけです。5年支払えば、それで終わりなのです。実際この訴訟の原告である横浜の男性は7年間滞納しましたが、5年分の15万2,000円で裁判は確定しております。したがって、NHKに不満を持つ一般の方は、NHKが裁判に訴えるまで滞納するのが得です。報道によれば、昨年度末でNHK受信料未契約者は960万世帯を超えるそうであります。とてもNHKが裁判で一々未収金を回収できる数字ではないのであります。おまけに日本では、NHKの受信料未払いに対する罰則、罰金はありません。解決策は、NHKが政治的な反日偏向放送を謝罪、反省し、NHK職員の平均年収1,700万円、新入社員から退職するまで平均が年収1,700万円、これを是正して組織の肥大化をやめて受信料を下げる、視聴者の信頼を回復することだと考えております。

ちなみに私自身がNHK受信料未払いを決心した主な理由を2つ挙げますと、1つには2001年1月30日に放送された模擬裁判、女性国際戦犯法定であります。大東亜戦争を取り上げたこの番組では、昭和天皇への有罪判決と日本国からの戦争責任を認める内容でしたが、当時の安倍内閣官房副長官、中川経産大臣から政治的圧力があったのかなかったのか、朝日新聞との間で争われた番組であります。

2つ目には、96年5月20日に放送された、51年目の戦争責任で、ありもしない吉田清治の慰安婦強制連行を資料を改ざんしてまで放送したのに、いまだ撤回も修正をしていない、この事実であります。このように……。

——何事か言う人あり

○9番（井上英治議員）　まあ待っていなさいよ。このように報道にうそや偏向があってはなりません。NHKには受信料の大切さを自覚してもらわなくてはなりません。支払う側も安易に支払ってはなりません。NHKを見ない人もいますので、NHKの受信料は支払いたくないという人もいるかもしれません。

そこで、春日部市全体としてNHKとの契約状況、受信料支払い状況を伺いたいと思

います。１つ、受信料は単にＮＨＫから支払い請求が来ているからではなくて、契約文書をよく読んで、文書での契約をしているのかどうか、伺います。個人宅では、よく契約書はほとんどなくて、支払い請求だけで支払っている事実があります。

　２つ目に、春日部市役所全体でＮＨＫに対して部署別に何台分設置し、金額としては毎年幾らＮＨＫに支払っているか。部署別に支払い方法も含めて教えていただきたいと思います。

○滝澤英明議長　答弁を求めます。

　土渕総務部長。

——土渕　浩総務部長登壇

○土渕浩総務部長　ＮＨＫ受信料最高裁判決に関するご質問に答弁申し上げます。

　初めに、ＮＨＫとの契約ですが、受信契約及び受信料につきましては、放送法第64条において規定があり、その中で協会との記載があります。これは日本放送協会、ＮＨＫを指すものでございます。第64条では、協会の放送を受信することができる受信設備を設置した者は、協会とその放送の受信についての契約をしなければならないと規定されております。また、日本放送協会放送受信規約の第２条では、契約の単位は１敷地ごととされております。このことから、市では同法や同規約に基づきＮＨＫから送付された書面により施設ごとに契約内容を精査し、契約を行っております。

　次に、市役所全体で契約している台数でございますが、小中学校の各教室に設置されているものなど、受信料が免除された契約を除き有料で契約し、さらに平成29年度の支払い実績でお答えいたしますと、全体で88台分の契約を行い、総額で120万6,961円を支払っており、その支払い方法は自動引き落としではなく、請求書による払い込みを行っております。また、台数の内訳を部署別に申し上げますと、小学校24台、中学校13台、公民館16台、消防署10台、本庁舎９台、そのほかの施設で16台となっております。

　以上です。

○滝澤英明議長　井上英治議員。

○９番（井上英治議員）　大体概要がわかりました。これから市役所も新庁舎をつくったり、いろいろな出先機関もつくられると思いますので、これからの契約につきましても、契約の内容をよく読んで、必要性を考えて契約していただきたいというふうに思います。それは要望とさせていただきたいと思いますけれども、それでは市役所で現在Ｎ

ＨＫに聴取料を支払ってまでテレビ設置の必要性のある部署はどんな部署があるのかを具体的に伺いたいと思います。

○滝澤英明議長　土渕総務部長。

○土渕浩総務部長　テレビを設置している部署は、台数の内訳で申し上げましたとおり、各消防署、小学校及び中学校の職員室や校長室、各出先機関となっております。テレビを設置している理由は、各施設によりさまざまですが、例えば小中学校の場合、台風や大雪のとき教職員全員がリアルタイムに情報を入手し、保護者への適切な連絡を行うなど児童生徒の安全を確保するため役立っております。また、公民館やその他の施設においても、その施設の管理を行う上で災害発生時の情報収集に欠かせない設備でございます。特に避難所、場所として位置づけられている施設においては、避難者への情報提供などにも使われております。このようにＮＨＫを含むテレビ放送が情報を入手するために重要な手段であるため、受信料を支払っている状況でございます。
　以上です。

○滝澤英明議長　井上英治議員。

○９番（井上英治議員）　通常の行政組織については、そういうことであるとご報告をいただきましたけれども、それでは市立医療センターでは、入院患者向けに部屋の中にテレビがありますけれども、この受信料を支払っているのは業者なのか、入居している人間がプリペイドカードの中に入っているのか、どっちなのか。患者の中には、かたい放送のＮＨＫなんか見たくないよと、見たくないのに支払っているのかという疑問が出てくるかと思いますけれども、実態はどうなのか、伺いたいと思います。

○滝澤英明議長　落合病院事務部長。

○落合和弘病院事務部長　市立医療センターの病室に設置しているテレビにつきましては、設置業務契約を締結している事業者が支払うこととなっております。
　以上でございます。

○滝澤英明議長　井上英治議員。

○９番（井上英治議員）　わかりました。患者に負担をかけていないということであれば、いいのかなというふうに思います。ところで、先ほどの数字をいただきましたけれども、ＮＨＫはホテルなどの大型施設に関しましては、割引制度を引いているそうであります

けれども、現状はどうなっているのかを伺いたいと思います。

○**滝澤英明議長**　土渕総務部長。

○**土渕浩総務部長**　割引についてでございますが、現在事業所割引制度を利用して節減を行っております。ＮＨＫが放送受信規約の中で定めている事業所割引の制度は、同一敷地内に設置したテレビを一括して放送受信料を支払う場合、２台目以降の放送受信料の半額が割引となるというものでございます。ホテルなどにつきましては 50 台、60 台、こうなりますと、相当な額が割引を受けている状況でございます。しかしながら、地方自治体の場合は、各施設が市内に点在しておりますので、窓口を一括したとしても、今より多くの割引を受けられるわけではございません。したがいまして、今後も放送受信規約の中で割引制度を最大限に利用し、経費節減に努めてまいります。

　以上です。

○**滝澤英明議長**　井上英治議員。

○**９番（井上英治議員）**　今まで台数のご報告をいただきました。88 台ということです。この中で、例えば公民館では 16 台ということです。７地区ありますから二七、十四、それよりもプラスでありますから、結構多いわけなのですけれども、時間がありませんでしたので、私全部見ることはできませんでしたけれども、何ヶ所か確認をしてまいりました。今部長が言われたようにＮＨＫのテレビを設置しているのは防災の関係だとか、理由はあるかもしれませんけれども、実際公民館など、学校はわかりませんけれども、置いてあるのは、そうではないのですよ。例えば南公民館、あそこにコミュニティセンターってありますね。あそこに置いてあるのは、玄関を入りますと、受付があります。こちらずっとロビーがありますよ、ぱっと。ここにあるのかと思ったら、そうではないのです。こっち側の奥の狭いところを入っていくと、職員用の炊事ができるようなところがあって、そこにもないのです。それをだらっとあけて、和室があって、その中へ入っているのです。こんなので防災のときにＮＨＫの情報を一々見ていられますか。とてもそういうような状況にはないのではないかなと。つまり、防災に必要だと言って置いているけれども、実際は職員の娯楽のために置いているのではないかなと、こういう実態があります。

　それから、ライムというのがあります。勤労者センター、あそこも２階にテレビを置いてありますよ。これは２階にテレビは置いてありますけれども、どうして必要なのと。いや、やはり防災のためですと、いろいろな情報を入れるためですと言っていましたけ

れども、年何回使っているのと言ったら、いや、使っていないです。年に数回ですねと言って、議員が視察に来たということで、慌てて発言を訂正して、いや、使っていますと。このライムを使っている団体が情報収集のために使っていますと言いますけれども、本当に春日部市役所として必要な点検をして調べているのかどうか。NHKの規約では、同一敷地内にあるものについては割引ということになっていますけれども、であるならば市役所として、本当に絞って、このNHKに支払う受信料を節約すると。税金の無駄遣いとか、それから経費節減という意味では、そういう努力を言われていますけれども、私がこの質問をするということで調べていただいたら、統一してそれを点検する部署はないではないですか。たまたま管財さんが私の窓口になりましたけれども、教育もありますし、消防もありますし、みんなまちまちですよね。だから、本当に必要なものなのか。必要だから置いてあるのかということを点検する必要があると思いますので、この辺について考えはいかがでしょうか。

○滝澤英明議長　土渕総務部長。

○土渕浩総務部長　まず、必要性が高いか低いかではなくて、単に使用頻度だけで判断できるものではないというふうに考えております。先ほど申し上げたとおり、NHKを含むテレビ放送、情報の入手は大変重要な手段であるというように考えております。今後につきましては、毎年行っておりますNHK放送受信料の調査の際に各施設が経費節減の観点から点検を行い、真に必要な台数のみ計上するよう周知してまいりたいと考えております。

　以上です。

○滝澤英明議長　井上英治議員。

○9番（井上英治議員）　必要性があるかどうか、NHKのテレビだけではないのではないですか。ネットもありますし、それからメールもありますし、いろいろな形で防災情報については入手することは可能なので、もっと工夫をして、知恵を出してやっていただきたいなというふうに思うのです。

　NHKは、とにかく肥大化を、これからも計画していますよ。ワンセグにも課金をするという計画がありますし、常時同時配信ということで、平成31年度開始予定をやりましたけれども、これはちょっと政府から待ったが入って、できる予定ではありませんけれども、いずれNHKとしてはやろうというふうに思っているのです。だから、こういうNHKの肥大化を許すのは、無駄なNHK、NHKは見ない、民放しか見ないけれ

ども、テレビを置いてあるから払わなければいけないという、こういう状況があるから、ＮＨＫの肥大化を許しているというふうに思いますので、ぜひその辺は組織横断で点検をしていただきたいと思います。

　ちなみにＮＨＫの映らないテレビというのがあるのですよ。私は、ＮＨＫの受信料、ＮＨＫの放送が偏向しているから支払いをとめましたけれども、その団体が、筑波大学の准教授で掛谷教授というのがおられまして、ＮＨＫだけ映らないアンテナをやって、これは今裁判で、これでも支払わなくてはいけないのかやっております。というように運動としては盛り上がってきております。今度は４月に市議会議員選挙がありますけれども、今こういうビラを一生懸命配られていますよね。これは何ていうのかというと、ＮＨＫから国民を守る党ということで、これは葛飾の区議会議員が代表で……。

○滝澤英明議長　井上議員、特定の活動についての発言は控えてください。
○９番（井上英治議員）　こういうように、あちこち立候補するようにＮＨＫの放送に対する国民の不信というのは、どんどん盛り上がってきていますので、そういうことに対して市のほうも十分気をつけていただいて、留意していただいて、取り組んでいただきたいことをお願いいたしまして質問を終わります。

＊　　　＊　　　＊

4．共産党議員団の権利の濫用

(1)　議会改革が必要な理由

　共産党の議会対応は，他の会派はとは異なっています。今まで共産党議員団や系列組織が議会提出した「請願」「意見書」の具体例を以下に挙げてみました。こう言った市政運営とは直接関係のない「請願」「意見書が特段の環境変化もなく，何度も提出されれば，毎回「同じような主張，同じような提案理由，同じような答弁」が繰り返されるだけです。

　共産党議員団の一人が，「提案理由を説明」し，同じ共産党議員団の別の議員が「賛成討論」を長々と行う，と言った具合です。この間，市議会議員は仕事ですから聞いているのはしょうがないにしても，市長以下各部長，教育長，市立医療センター病院管理者（民間で言えば社長），監査委員（税理士）は自分に直接関係のない演説を、延々と聞いていなければなりません。早く席に戻って仕事を片付けたいと思っている人も多いと思います。早いところ、紹介議員となった会派の賛成討論だけは省略するようにするべきです。それこそ「議会改革」ではないでしょうか。

　同じような内容の請願や意見書が繰り返し議会提案された最近の事例を紹介します。

【安全保障関係では……】
　──平成28年3月定例会　3月議会
「安全保障関連2法の廃止を求める意見書採択についての請願」
　──平成27年9月議会
「戦争法案の廃案を求める意見書の提出についての請願」
　──平成29年6月議会
「核兵器禁止条例制定のために日本政府が積極的役割を果たすことを求める意見書」
　──平成29年9月議会
「核兵器禁止条例への日本の参加を求める」意見書
　──平成29年12月議会

「核兵器禁止条例への日本の参加を求める」意見書

　　──③平成29年12月議会

「核兵器禁止条約を批准することを求める意見書を国に提出することを求める請願を求める」

　　──平成28年3月議会

「安全保障関連2法（国際平和支援法、平和安全法制整備法）の廃止を求める意見書採択についての請願」

【国民健康保険関係では……】

　　──平成29年9月議会

「国民健康保険税の引き下げを求める請願」

　　──令和元年（平成31年）3月議会

「高すぎる国民保険税の引き下げへ抜本的改善を求める意見書」

　　──令和元年6月議会

「国保税の引き下げを求めるについての請願」

　　──令和元年9月議会

請願「国民健康保険税引き下げへ国の対応を求める意見書」

【憲法改正関係では……】

　　──平成29年12月議会

「憲法9条を守り生かして、戦争しない日本を求める意見書」

　　──平成30年3月議会

「憲法第9条の改定を行わないよう、意見書を国に提出することを求めるについての請願」

　　──平成30年12月議会

「憲法改正にあたっての国民合意・慎重審議を国会に対して意見上申することを求める請願」

【生活保護関係では……】

　　──平成30年3月議会

「生活保護基準の引き下げに反対する意見書」

　　──令和元年6月議会

「生活保護費に夏期加算を求める請願」

(2)　国民健康保険意見書への反対討論

　私は時間を浪費させるための「請願・意見書の乱発」に対して、令和元年9月議会の国保意見書への反対討論を次の内容で行いました（市議会議事録からの引用）。

＊　　　＊　　　＊

【共産党議員提出案件はいたずらに時間引き延ばし】

○金子進議長　次に、1番、井上英治議員。

──1番井上英治議員登壇

○1番（井上英治議員）　議席番号1番、井上であります。議第13号議案　国民健康保険税引き下げへ国の対応を求める意見書に対して、石川議員とはまた別の見方から反対討論を行いたいと思います。

　今議会に国保税の引き下げの意見書が出されておりますけれども、この問題については今まで何度となく同じような内容が提出されています。具体的には、今回の令和元年9月の今議会の意見書第13号で始まり、平成26年2月の新日本婦人の会による請願、平成29年8月の社会保障をよくする会による請願、平成30年2月の社会保障をよくする会による請願、令和元年5月の新日本婦人の会による請願であります。そのたびに同じような議論が行われてきました。同じ事案を同一会議の中で提出する一事不再議の定めは、地方自治法では定めがありませんが、会期ごとに同じ案を提出することは脱法行為に近く、議会を政治宣伝の場にしようとする権利の濫用ではないかと私は感じられます。

　株式会社ぎょうせいから出されている「新版Q＆A議長・委員長必携」にはこう書いてあります。「提案者は、前回否決されたものをそのまま提出するのは知恵のないことです。ただ、会議が違っているだけで一事不再議にならないだけの議論はいただけません」と解説されています。そして、これは通年議会ならば行えないことだと言っているのです。にもかかわらず、この間、予算、決算での本会議質疑、常任委員会質疑、一般質問に関して、そして足すことに、我が春日部の市議会では珍しく、ほかの市議会にはない事前の議案の説明勉強会で、理解を深める時間は十分とられているわけであります。質問、回答も繰り返されてきました。この国保税の値下げできない理由を今石川議員がうまく言いましたけれども、さらに執行部からは、毎年数億円単位での法定外繰り入れが行われている国保会計は、国、県からは赤字と定義され、解消を求められているので、

値下げはできないと、幾度となく聞いてきたはずであります。寝ていたからではなくて、ちゃんと耳を立てて聞いていただきたいと思います。

また、ある事案を同じ会派の議員が提案、説明して、同じ会派の議員が賛成討論するというのは、同じく議会を政治宣伝の場にしようとする権利の濫用であると、単なる時間の浪費と思います。

その間、市長以下執行部の各部長が多数時間拘束されるわけで、業務の遅滞を招くだけであることを全く考えない行為だと思います。こんなやり方は、私の人生体験であります、ＪＲ、昔の国鉄の労働運動の経験を思い出します。当時の国鉄職員は、会社が日本国有鉄道公社であったために、公務員並みに職員の身分は保障され、賃上げも民間準拠であるにもかかわらず、国労や動労の左翼労働運動、共産主義労働運動の運動論によって、闘いによって賃上げができたというアリバイづくりのために、禁止されていたストライキにかわって、わざと電車をおくらせる順法闘争を繰り返し繰り返し行ったわけであります。その結果、お客さんから上尾駅暴動、首都圏国電暴動を起こさせ、理解を失っていったのではないですか。春日部市議会もそのようなことにならないように、核兵器禁止批准要求を国際紛争の平和的解決も日本政府ではなく、中国や北朝鮮に言うべき事柄であり、同じ理由から反対いたします。

＊　　　＊　　　＊

５．共産党議員団は党内改革さえ言えないのか……

(1)　全く非民主的な共産党流党役員選挙

　共産党内部事情はなかなか我々には情報が伝わってこないが、唯一、党を離れた人から漏れ聞いています。最近、雑誌に投稿したり出版するようになったのが、活ての日本共産党中央常任幹部会委員であり、本部政策委員長であった筆坂秀世氏や、共産党国会議員団秘書だった篠原常一郎氏だ。

　その篠原常一郎氏が月刊「正論」令和２年３月号で「日本共産党綱領改定は指導部保身のため」という一文を寄せています。それを部分引用・要約すれば、次のとおり。

❶中国美化の文言削除は、それを「2004年の第23回党大会綱領改定で盛り込んだ不破哲三から志位和夫委員長に指導力が移った」からだと指摘。「自主独立の党」よりも「野党外交で、大国の執権党の中国の支援が必要」との不破の言い分を、核禁条約反対、尖閣諸島等での覇権主義、人権問題等４項目等で中国の評判が悪いから削除したまでのことだ。だが、志位委員長は当時中国美化を盛り込んだことは「合理的根拠があった」と評価した。

❷不破氏は、現職衆議院議員時代から、議員歳費、党役職手当、印税・原稿料代（年間900〜1500万円）を得ている。「党に寄付している」は全くの虚偽説明だ。

❸中国の申出で、著書十数冊の中国版を出版しているが「印税を中国側から受け取っているのは間違いない」。ついには1500坪の山荘を自宅として、専用車、運転手、ボディーガード付きで得ている。

　つまり、日本共産党の政治認識は常に誤ってきたし、地方議会議員は地方議会で政府への執拗な請願や意見書を連発し「森友学園問題究明」「憲法改正反対」「慰安婦問題謝罪」「安保法制反対」と言っていますが、自分の党の改革すら出来ていない、という事です。

　そして「国民健康保険料の1万円値下げ」を共産党は言っていますが、一体、本音はどこにあるのだろうか？　伺いたくなります。我が国の健康保険制度はご承知のように厚生労働省ＨＰによれば次の図のようになっています。

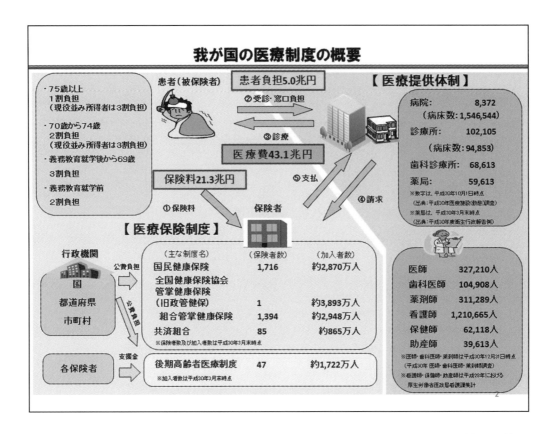

　簡単に言えば、現職の大会社のサラリーマンは「健康保険組合」、それ以外の会社の社員は「協会建保」、公務員は「共済組合健保」、自営業などは「国民健康保険（国保）」となっています。

　そして、国保税額は「広報かすかべ2020年5月号」にある税額表のように、低所得者には2割軽減。さらなる低所得者には5割軽減。そして更なる低所得者には7割軽減、という低所得者対策が行われているのです。低所得者は医者に掛かれない先進国である米国などと違い、日本では、国民皆保険制度がこうして維持されているのです。そもそも、国保は保険ですから、保険料を支払わなければいけません。だから国保は保険料と言わずに「国保税」と言っているのです。それでも支払わない人がいますので、短期証という短期間有効の「保険証」で医療サービスが受けられるようになっていますが、短期間の有効期限の更新に来てもらう時に国保税、支払い方法の相談をして貰っているのです。国保運営は、運営が厳しいため、市町村自治体から県に移行しましたが、

各保険者の比較

	市町村国保	協会けんぽ	組合健保	共済組合	後期高齢者医療制度
保険者数 （平成30年3月末）	1,716	1	1,394	85	47
加入者数 （平成30年3月末）	2,870万人 （1,816万世帯）	3,893万人 被保険者2,320万人 被扶養者1,573万人	2,948万人 被保険者1,649万人 被扶養者1,299万人	865万人 被保険者453万人 被扶養者411万人	1,722万人
加入者平均年齢 （平成29年度）	52.9歳	37.5歳	34.9歳	33.0歳	82.4歳
65～74歳の割合 （平成29年度）	41.9%	7.2%	3.2%	1.5%	1.9%（※1）
加入者一人当たり 医療費（平成29年度）	36.3万円	17.8万円	15.8万円	16.0万円	94.5万円
加入者一人当たり 平均所得（※2） （平成29年度）	86万円 一世帯当たり 136万円	151万円 一世帯当たり（※3） 254万円	218万円 一世帯当たり（※3） 388万円	242万円 一世帯当たり（※3） 460万円	84万円
加入者一人当たり 平均保険料 （平成29年度）（※4） 〈事業主負担込〉	8.7万円 一世帯当たり 13.9万円	11.4万円〈22.8万円〉 被保険者一人当たり 19.1万円〈38.3万円〉	12.7万円〈27.8万円〉 被保険者一人当たり 22.7万円〈49.7万円〉	14.2万円〈28.4万円〉 被保険者一人当たり 27.1万円〈54.1万円〉	7.0万円
保険料負担率	10.2%	7.5%	5.8%	5.9%	8.4%
公費負担	給付費等の50% ＋保険料軽減等	給付費等の16.4%	後期高齢者支援金等の負担が重い保険者等への補助	なし	給付費等の約50% ＋保険料軽減等
公費負担額（※5） （令和元年度予算ベース）	4兆4,156億円 （国3兆1,907億円）	1兆2,010億円 （全額国費）	739億円 （全額国費）		8兆2300億円 （国5兆2,736億円）

（※1）一定の障害の状態にある旨の広域連合の認定を受けた者の割合。
（※2）市町村国保及び後期高齢者医療制度については、「総所得金額（収入総額から必要経費、給与所得控除、公的年金等控除を差し引いたもの）及び山林所得金額」に「雑損失の繰越控除額」と「分離譲渡所得金額」を加えたものを年度平均加入者数で除したもの。（市町村国保は「国民健康保険実態調査」、後期高齢者医療制度は「後期高齢者医療制度被保険者実態調査」のそれぞれの前年所得を使用している。）
協会けんぽ、組合健保、共済組合については、「標準報酬総額」から「給与所得控除に相当する額」を差し引いた額を、年度平均加入者数で除した参考値である。
（※3）被扶養者一人当たりの金額を示す。
（※4）加入者一人当たり保険料額は、市町村国保・後期高齢者医療制度は現年分保険料調定額、被用者保険は決算における保険料額を基に推計。保険料額に介護分は含まない。
（※5）介護納付金、特定健診・特定保健指導等に対する負担金・補助金は含まれていない。

これまで春日部市では一般会計から国保会計に毎年度ごとに20億円程の繰り入れを行い運営してきました。今後も大きな問題として市の財政を圧迫して行きそうです。

(2)　国保会計と共産党地方議員

そこで不思議なのは共産党地方議員の多くは国保に加入している現実です。

共産党全体で見れば、党本部役職員、都道府県委員会の専従者、地方議員（2020年現在で2,659名）合計で4,000人は超えると思われる人が居り、民商や出版等の関係組織・団体で働く人を含めれば5,000人は超えると思われます。「健康保険組合」設立要件の700人は悠に超えている筈です。

なぜ「日本共産党健康保険組合」をつくらないのでしょうか……。「健康保険組合」であれば保険料の半分は会社（組織）持ち、自前で保養所も持てます。赤旗読者に格安な宿泊サービスも出来ます。ディズニーランドなどの優待券を配布することも可能です。「共産党健康保険組合」を作れとの声は出ないのでしょうか。現在は、国会議員秘書は秘書健保、共産党地方議員はなぜか国民健康保険に入っているそうですが、地方専従者等はどこの健保に入っているのでしょうか。

多分、そんな声を出せる事の出来ない組織運営だからではないだろうか。だとすれば、国民健康保険料の１万円値下げ」は自分たちの保険料軽減のために行っている運動であって、決して国民・市民のためではないと言えるのではないでしょうか。

(3) 日本共産党上層部のブルジュア的経済格差の怪！

また、ネットでは、不破哲三元議長の大豪邸が批判されています。近くの小学校敷地より広い 1,000 坪。敷地内には召使や料理人の建物、不破哲三専用の図書館、博物館もあると言われています。その共産党の国会議員の歳費は「本来 2,500 万円だが、年収 1,000 万円を超えたことがない」（元日本共産党ナンバー４の政策委員長筆坂秀世）だと言います。この敷地は当初、共産党の社会科学研究所用地として購入されたのに、いつの間にか不破哲三名義にされてしまった、との指摘もあります。ネットであっても、デマなら正式に抗議すべきですが、抗議したことを聞いた事がありません。

不破氏には金銭にまつわる話が未だあります。中国は、外国政官界要人の著書出版を通じて篭絡する事があるそうですが、「中国側方の申し出で不破氏の著書十数冊の中国版が出版された」。「不破氏も印税を中国側から受け取っているのは間違いない」「同氏は現職衆議院議員の時代から議員歳費や党から役員手当として支給される給与以外に演説や国会質問、書下ろし論文などをまとめた多数の著書を出し、長年にわたって年間 900 万〜 1,500 万円程度の印税・原稿料収入を得てきた」「党員や支持者に対して、党幹部は著作の印税など受け取らず党に寄付している。などとされてきたが、全くの虚偽説明だ」（令和２年月刊正論３月号の篠原常一郎論文）

(4) 共産党専従者の著しい冷遇の理由は？

そればかりか共産党専従者の待遇は非常に悪いと分かる例があります。少しばかり遡ることの 1978 年末の裁判の話になりますが、日本共産党愛知県委員会の専従（県委員会勤務員・選対部員）をしていた、宮地健一氏が除名・解雇されたことを不服として、名古屋地方裁判所に「専従解任の当否。地位保全」の訴えをしたことから始まります。非常に珍しい裁判ですが、結局は裁判の長期化に原告の生活苦が耐えられず裁判を続け

ることは出来ませんでした。しかし、この裁判の中で部外者には知りえない内部情報が多数ありました。要約すると、こうです。

❶共産党県勤務員は、雇用契約関係でなく有償委任契約者（弁護士や宅建業者にお金を支払い、委任契約するのと同様）相当なので解任は有償委任契約解除権の行使になる。

❷共産党県勤務員・宮地・40歳は、1977年3月時点で、一律基本給7万円、年齢給2万9,500円、専従歴給1万3,000円（1年1,000円の割合）、合計11万2,500円。そこから、健康保険料3,822円、厚生年金保険料4,459円、所得税2,820円、市県民税1,650円、党費（1％）1,025円が引かれ、手取りは9万9,749円。夏冬一時金として各11万2,500円が一般党員のカンパ金として賄われていた。

❸組織内人員は、地区常任委員2,000数百人、都道府県常任委員500人、常任幹部会委員20人の約2,800人。専従の採用・解任・部署変更の決定権限を持たない「地区・都道府県・中央勤務員は千数百人」赤旗記者は海外特派員を含めて370人。赤旗印刷所員・支局員は毎日の印刷、配達、集金、上納業務で1,000人前後。その専従合計約4,000人（地区常任委員兼務の市町村議員を除く）。

この状態が、今でも同じようなら、先に取り上げた共産党要求の国保税の1万円値下げの主張も納得できます。

それではなぜこんな事態が起こるのか、と言えば共産党内の全く「非民主的な組織運営＝役員選挙方式」に有るのです。この事を、元日本共産党ナンバー4で政策委員長をしていた筆坂秀世元参議院議員が「日本共産党のレトリック（産経新聞出版）」で告白しています。

❶共産党規約第13条には「党のすべての指導機関は、党大会、それぞれの党会議および支部総会で選挙によって選出される」「選挙人は自由に候補者を推薦することができる。指導機関は、次期委員会を構成する候補者を推薦する。選挙人は、候補者の品性、能力、経歴について審査する」とありますが、結局は「立候補制度が無い」。「現在の議員が次の議員を選ぶ」。やり方は最高裁裁判会の国民審査のようなものです。「顔も経歴も知らない、委員長等が作成した名簿に、チェックを入れるか否かだけだ」と自分の経験を語っています。共産の言う、民主主義はこんなものです。

❷結局トップの意向で、中央委員会、幹部会委員、常任幹部会委員、書記局長、委員長は決まります。トップが自ら「辞める」と言わない限りいつまでも居直り続けます、共産党に代表選挙はない、と言われています。

(5)　委員長と議長、どっちが上か？　共産党規約の不明

だから、不破哲三氏は 2020 年 1 月に 90 歳になりましたが、未だに共産党内で常任幹部会に名を連ねているのです。

共産党の規約には「幹部会委員長と中央委員会議長とどちらが上位なのか規約上の規定はない」（筆坂秀世著「日本共産党の最新レトリック」）というのです。実質的なトップが委員長でなく議長という期間もあったと聞くので一概に比較できませんが、歴代共産党委員長の在任期間の比較では、宮本顕治が 1970 年から 1982 年までの 12 年間。不破哲三の委員長就任は 1982 年。志位和夫委員長に交代が 2000 年なので 18 年間の長期政権であり、志位和夫も今年で委員長在任 20 年と言う長期政権です。

こんな政党が政権を取ったら大変なことになるのは誰の目にも明らかでしょう。衆議院総選挙も参議院議員選挙も県知事選挙も市長選挙も共産党方式なら、任命するか否かしかない状態となります。共産主義ソ連時代もほぼ同じだったと聞いています。投票所に行って、指名された立候補者に○×を付け、○は右側の投票箱に、×は左の投票箱に投票するといった具合になっているので選挙立会人に、すぐ分かってしまう方式だったそうです。日本をこんな選挙方式の国にしてはならないと思います。

また、共産党議員は「真面目で良く動いている」と好感を持ってる人もいるかも知れませんが、次のようなこともあったのです。

(6)　真面目な印象の裏側にある共産党議員の問題行動

①情報漏洩

2018 年（平成 30 年）12 月春日部議会での事です。春日部市は、学童保育の運営に社会福祉協議会が市の募集に応じなかったため、民間会社たる（株）トライに委託を決

定したところ、従前の保育員の共産党系労働組合が雇用継続運動を起こしたのです。春日部市では議案を議会にかける前に各会派に勉強会として事前説明します。その際の資料は提案前のものであり、議員にしか配布されていないにも拘わらず、共産党系労働組合に流され、11月19日に市内各戸へポスティングされました。その中には、次期監査委員の氏名まで載っていました。このため議会2日目の11月28日の開会は1時間遅れ、部長以下の執行部・議員全員が待たされた結果、共産党の女性N議員が冒頭謝罪しました。これまで、共産党議員は、情報がもれるから……情報が洩れかねないから……と言って「マイナンバー」に反対して来たのに、自分は例外とでも思っているのでしょうか……。

②言行不一致

「共産党は言ってる事が一貫している」と思っている方もいるかも知れません。しかし、やはり2018年（平成30年）の3月議会の事です。その年翌月の市議会議員選挙での「人気取り」を意識したのか、共産党議員団全員が紹介議員となって、共産党系の「新日本婦人の会」や「かすかべ生活と健康を守る会」が「就学援助の入学金の事前支給を求める請願」を提出して居るのに、その事前支給も計上した30年度予算に反対し、「予算修正案」を出したのです。おまけに、修正案は、共産党が常に反対して来た「体育施設などの指定管理（民間委託）」費用削減は入っていない、つまり指定管理を認める修正案でした。言っている事と遣っている事がチグハグだという典型的な事例です。

③居眠り女王

2019年（令和元年）9月議会最終日（20日）の事です。通常、最終日は各常任委員会報告で、そののち、採決となるのですが、午前中の教育委員会報告が行われていた午前11時過ぎ「居眠り常習」の共産党女性N議員の寝姿が余りにも「度が過ぎた」ため議長より「N議員に申し上げます。体調不良であれば退場で結構でございます……」との注意が発せられました。真に例のない事であり、議会の権威のためにも反省が求められる場面でした。

④草加市議団はセクハラ問題で消滅

2019年（令和元年）12月7日の産経新聞埼玉面で報道されましたが、共産党市議

団の藤家あきら（32）氏が同党議員へセクハラを行い、告発された問題を、9月に起こしたにも拘わらず、共産党の県委員会は事実を公表せずに「説明責任を果たさかった」。その為、佐藤憲和議員ら3人が会派を離脱。藤家氏は議員辞職した結果、会派要件2名を割り「共産党会派消滅」となったそうです。政府には厳しい批判をするが、身内の問題にはふたをする体質が、地方でも露呈した出来事です。

──気負付けよう、甘い言葉と共産党……

魅力・活気ある市政へ転換を
9月議会で日本共産党が提案！

日本共産党市議団は、9月議会で29年度決算書や一般質問を通して、市民の切実な要望に応えるよう奮闘しました。主な提案は次の通りです。

◎ 小中学校の給食費の無料化（約8億円）
これまで通り約8億円の一般会計からの繰入で実現

◎ 国民健康保険ひとり1万円引き下げ

◎ 介護保険、低所得者の保険料軽減
介護保険特別会計の約10億円の基金（貯金）を活用

◎ 長寿祝い金として77歳に1万円（約3千5百万円）

◎ 公民館使用料を無料に（約3千8百万円）
有料化で利用者13万人減少。洋式トイレ・エレベーターの設置を

◎ 住宅リフォーム助成制度の実施

◎ 温水市民プール建設
環境センターの余熱利用暫定広場に地元の要望通り建設を策定中の体育施設整備基本計画に温水市民プールの建設を盛り込む

◎ 策定中の保育所・児童発達支援センターは別々に建設を（旧税務署跡地に2つの施設は狭い）

◎ 春バスなど公共交通の拡充

◎ 学校体育館にエアコンの設置

◎ 学童保育・図書館の指定管理はやめ直営に

◎ 春日部駅に東西自由通路（地下道）の早期建設

市民アンケートへのご協力をお願いします

越谷県土整備事務所長に県道整備等の要望書を手渡す秋山文和県議と党市議団6名（7月13日）

ご意見・ご要望、お困りごとは下記までご連絡ください。
日本共産党春日部市議団
〒344-0067 春日部市中央7-10-9
電話 **736-9933** FAX **736-9991**

日本共産党提案の 住宅リフォーム助成条例 請願・決議を無視し否決

日本共産党が提案した、住宅リフォーム助成条例は、「市が空き家対策を目的としたリノベーション（大規模改修）助成を今後実施する」という理由で、2度の請願採択と、今年6月議会での実施決議に賛成した前進かすかべ・未来の会と、公明党も反対し否決されました。

日本共産党は「経済の活性化を目的とした条例の制定」を強く主張しました。

実現するまでねばり強くがんばります。
（条例の内容は別掲）

6．共産党系の「新日本婦人の会」を後援していた春日部市教育委員会

「埼玉障碍者センター」発行の機関紙「あゆみ 2020 年 3 月 10 日：422 号」によれば、「母親大会」とは、「1954 年、アメリカの水爆実験によってマグロ漁船員の久保山さん被爆しなくなりました。これをきっかけに子供たちを核兵器から守ろうと幅広い母親運動がスタート、全国各県、各市で平和、社会保障、教育などについて学び、話し合いの集いをもちました。春日部

生命を生み出す母親は 生命を育て 生命を守ることをのぞみます

2016年
第50回

かすかべ母親大会

「わたしたちは
平和に生きたい！」

～福島・沖縄で今なにが起きているのか～

<おはなし> 中村梧郎さん
（報道写真家・前・岐阜大学教授・
「マスコミ九条の会」呼びかけ人）

ベトナム戦争後、30年以上「枯葉剤」の悲劇を取材。
近年では沖縄や福島の現状を取材。
中村さんのカメラを通して見た、日本と世界の"今"、
そして"これから"を、写真を通じて感じてみませんか？

<と き> 2016年6月5日（日）PM1：00～
講演終了後、全体会がありますので、ぜひご参加ください。

<ところ> 春日部市民文化会館 3階 大会議室
東武線春日部駅東口から徒歩約13分

<資料代> 300円

<保育あります> 無料(要事前予約)
<お問い合わせ>
  北山 090-1104-3971
  大澤 090-7252-4983

<午前の部> 裏面をご覧ください
  9：30開場 10：00開始
  4つの分科会でテーマ別に交流します

主催：第50回春日部母親大会実行委員会 後援：申請中（春日部市・春日部市教育委員会）

★ かすかべ母親大会も歩み続けて50年。記念すべき50回目の大会に、声かけあって皆さんでお出かけ下さい。どなたでも（もちろん男性も！）参加できます。子育て、教育、平和などについて一緒に考えていきませんか？ ★

市でも実行委員会の方々の協力で開催いたします。母親に限らずどなたでも是非お出かけください」となっています。

しかし、一般市民の方は次の点に注意して下さい。

① 原水禁運動の発端と、運動組織の歴史を知っていれば間違いが分かります。

② この運動を「一見、

生命を生み出す母親は　生命を育て　生命を守ることをのぞみます

2016年 第50回 かすかべ母親大会

分科会のご案内　AM 10:00～12:00

〈受付〉 AM9：30～　3階大会議室前にお越しください。

分科会	助言者	内容	会場
子どもと教育	白鳥 勲さん さいたま教育文化研究所 副所長	子ども・若者の「生きづらさ」によりそって ―学校・地域・社会に温もりを―	3F 小会議室(1)
社会保障	長谷部 朋子さん 春日部市第6包括支援センター長	こんなとき、どうしたらいいの？ ―認知症とその介護等―	3F 中会議室
平和	堅 十萌子さん 弁護士（埼玉中央法律事務所・明日の自由を守る若手弁護士の会所属）	憲法カフェ 「憲法のこと、18歳からの選挙のこと、何でも"あすわか"弁護士さんと話してみよう！	3F 大会議室
みんなで歌いましょう	歌指導 早乙女 弘枝さん ピアノ 加集 希世子さん	誰もが知っている元気が出る歌で、楽しく過ごしましょう！	2F 練習室(1)

母親大会とは...

母親大会のあゆみ

ヒロシマ・ナガサキ・ビキニと、三度被爆を経験した日本の母親たちの「子どもを核戦争から守ろう」の訴えで、1955年7月、スイスのローザンヌで世界母親大会が開かれました。

それに先立ち6月に東京・豊島公会堂で第1回日本母親大会が開かれ、"母親が変われば社会が変わる"を合い言葉に、毎年日本中から集まったお母さん、女性たちによって、その年その年に起きた大事なことを話し合い、願いを実現させるために粘り強く運動をすすめてきました。

今年で62回を迎える日本母親大会。くらし、子育て、環境問題、医療や福祉、働く女性の問題等々、草の根の運動に取り組んで今日まで歩み続けています。

かすかべ母親大会は...

1967年、武里団地集会所で第1回大会が開かれました。「ポストの数ほど保育所を」と全国の運動と同様、切実な要求が話し合われました。

平和、教育、くらしなどの母親と子どもを取りまく様々な要求実現のため活動し続けています。

最近では、今年の7月より小中学校普通教室にエアコンが設置されました。

この会は、平和と命を大切に願う人なら誰でも参加でき、各団体などの実行委員で構成されています。

とき **6月5日（日）** ところ **春日部市民文化会館**

平和愛好家の良識的な運動」と勘違いしてはいけない、と言う事です。

◇ 「新日本婦人の会」政治的中立性への疑義（議事録）

私はこの点を平成28年3月議会の3月9日に本会議にて取り上げました。議事録から引用します。

＊　　　＊　　　＊

【平成 27 年 3 月定例会、3 月 3 日一般質問（1 日目）無所属　井上英治議員──「新日本婦人の会……行政の政治的中立は守られているのか……」】

○**鬼丸裕史副議長**　引き続き一般質問を求めます。

　9 番、井上英治議員。

──9 番井上英治議員登壇

○**9 番（井上英治議員）**　議席番号 9 番、井上英治でございます。平成 28 年 3 月定例会一般質問を発言通告書に基づき質問し、若干提案も行ってまいりたいというふうに思います。

　大項目の 1 番目は、まち・ひと・しごと創生総合戦略を問うということであります。

　次に、大項目の 2 番目は、教育委員会の政治問題への認識についてであります。言うまでもなく、行政は政治的に中立でなければいけないわけであります。教育委員会においてはましてやであります。しかし、残念ながら政治的中立性を疑わせる事件が起きております。1 つは豊春中学校での「赤旗」配布問題であり、もう一つは市教育委員会の政治団体の 母親大会の後援問題についてであります。

　そこで、まず豊春中学校の「赤旗」問題を伺います。ご案内のように、昨年暮れに豊春中学校で共産党の機関紙「赤旗」が生徒に配布されるという事件が発覚し、報道されました。その内容を市教育委員会の資料や新聞報道から時系列的に振り返ってみますが、もし抜けている事項がありましたら、あるいは誤りがありましたらご指摘をいただきたいと思いますが。

　昨年の 9 月 25 日に、保護者から、Ａさんから、安保法制反対のＳＥＡＬＤｓのデモを扱った 8 月 30 日付の「赤旗」や安倍首相の 70 年談話は欺瞞と題する文書を配布しているとのメールが市役所に来ました。校長、教頭が授業訪問を開始し、10 月 14 日には校長室において政治的中立性について指導した。12 月 2 日には、マイナンバーは違憲という「赤旗」を再度配布した。12 月 3 日には、再び豊春中学校の保護者から、Ａさんから市役所にメールが来た。12 月 14 日には市教育委員会が県教育委員会に報告、12 月 16 日には産経新聞の「赤旗」コピー配布が発覚という報道があり、これから事件が、話題が大きくなり、12 月 17 日には全員協議会で説明されました。そして、産経新聞が報道し、市教育委員会が小中学校に服務規程の確保についての通達を出しました。12 月 19 日には保護者会を開催し、25 日には産経が再び、市教育長が口頭で注意をしたという報道を行いました。

　そして、ことし１月７日にはまた産経報道があり、上田知事が会見で、言語道断で非常識だと発言をしている。市教育委員会から２回報告を受ける。１月８日に、本人と校長、市教育委員会担当者から事情聴取したことが明らかになる。私見、私の意見の発言内容を確かめる。２月10日には、市教育委員会が指導措置の文書訓告を行う。２月12日には、市教育委員会が対応結果についてと題する文書で、これまでの経過、県の判断、今後の予定を我々に説明いたしました。そして、２月18日には生徒へ謝罪、19日には教壇に復帰、そして３月２日に保護者へ授業公開ということでありますが、まず、市教育委員会が９月の段階でなぜ、県教育委員会に報告するなり、文書訓告するなり、授業から外すなり、速やかな対応をしなかったのか。しなかったことによって再発の責任をどう考えるのか、市民からの市教育委員会への信頼失墜の責任を伺いたいと思います。

　２つ目には、教員本人は教壇に復帰し、授業実践を行っているとのことですが、現在どこの場所でどのような内容の研修を受けているのかを伺います。

　３番目に、市教育委員会は市議会に、県教育委員会の対応は法には抵触しない、懲戒処分に当たらないと判断したと報告していますが、県教育委員会にその根拠を伺ったのか、やりとりをしたのか、２月12日の報告で終わりなのかどうかを伺いたいと思います。

　４番目に、１月14日の私見の発言内容を進めた、その結果の内容と、２月10日に市教育委員会が行った指導措置の文書訓告でありますけれども、その内容について説明してください。また、これに対して本人には反省を促すなどのようなインセンティブがあるのかどうか。例えば交通違反ならば罰金、交通事故なら被害の弁償という痛みが事故を起こした者にあるわけですけれども、そういうのがあるのかどうか。

　５番目には、市教育委員会は春日部市全体での再発防止に向けてどんな考えで対応していくつもりであるのかを伺います。

　昨年暮れ、市内の教員に服務規律の確保についてというアンケート調査を行ったようでありますが、どのような内容で、どんな結果であったのかをお伺いします。

　それから、春日部市教育委員会の政治問題の認識についての２番目の項目で、教育委員会の母親大会の後援問題についてであります。この問題について、私は昨年の３月で取り上げましたけれども、その内容は、一口で言えば、教育委員会の政治問題に対する認識が甘過ぎるということです。甘いから、豊春中学校のような事件が起きやすいというふうに考えております。

　そこで、１つは春日部市の後援の扱いですが、政党の行事を後援することはないと思いますが、政治的色彩を帯びた団体の行事に対する判断基準についての考えはどうなのかを再度伺いたいと思います。判断基準が甘いのではないかと思います。

　2つ目は、後援申請団体の行事、その中身をちゃんとチェックしているのかどうか、後援申請から結果報告までのチェック体制を説明してください。

　そもそも母親大会は、これまで91年の京都大会では小選挙区制反対、92年の東京大会では自衛隊の海外派兵に反対、03年の埼玉大会ではイラク派遣に反対など政治的な発言が多いわけであります。母親大会は昨年も春日部市は後援したようですが、母親大会は社会通念上では明らかにこれは政治団体です。後援申請や報告では政治色を薄めますが、実際に大会を開くとなると、政治的講演、行動を行っているのであります。上部団体の埼玉母親大会も昨年6月27日に浦和の埼玉会館で行われたそうですが、埼玉県に対して後援したときは政治色を薄めた開催の目的を述べておりますが、記念講演には、九条の会事務局の渡辺さんを講師にして、「憲法・くらし・平和」という政治テーマを講演してもらい、浦和駅までデモ行進しているわけであります。これは政治行動で、行政が後援するべき対象ではないはずであります。春日部市でも同様であります。後援申請から結果報告までのチェック体制の説明をお願いいたします。

　第1回目を終わります。

○鬼丸裕史副議長　　答弁を求めます。
○鬼丸裕史副議長　　次に、川崎学務指導担当部長。

　　　　　　　　　　　　　　　　──川崎信雄学務指導担当部長登壇

○川崎信雄学務指導担当部長　　市内中学校教諭の行った不適切な指導についてのご質問に答弁申し上げます。

　初めに、経緯については、先ほど議員ご指摘のとおりでございます。本件につきましては、昨年9月に明らかになった後、市教育委員会では当該校の校長へ事実確認を依頼し、市教育委員会から校長へ、校長から当該教諭への指導を繰り返してまいりました。校長からの指導後、当該教諭は改善に努めると答え、改善に向けた一定の成果が見られており、指導も継続中でございました。市教育委員会には、教職員の服務監督権者としての役割がございます。そのため、この時点では市教育委員会の指導の範囲段階と捉え、県教育委員会に報告を行っておりませんでした。

　学校におきましては、政治的中立性を欠く教育はあってはならないことであり、これまで当該教諭に対して再三指導したにもかかわらず、このような事態が起きてしまったことを大変遺憾に思っております。市教育委員会の役割としましては、当該教諭の政治的中立性についての認識と指導法の改善を求めていくことと認識しております。市教育委員会といたしましては、本件を重く受けとめ、再発防止に努め、生徒、保護者、地域

からの信頼回復を行ってまいります。

　続いて、研修についてでございますが、当該教論は12月に担任と授業から外れ、1月下旬から市教育委員会による研修を行ってまいりました。研修内容は、政治的中立性の確保に関する法令などの定めについて、実際の生徒への指導場面での注意、配慮事項、指導案作成と模擬授業の実施、教育公務員としてのあり方を確認する服務に関する研修などでございます。この研修は、県教育委員会からも指導を受けながら進めてまいりました。当該教論は、大変まじめな態度でこの研修に臨み、実施した模擬授業の指導場面では以前のような不用意な発言や批判的な言動が見られなくなるなど、研修の成果を認めることができたところでございます。

　次に、県教育委員会の対応についてでございますが、市町村立学校の教職員の任命権は都道府県教育委員会にございます。都道府県に採用された教職員は市町村に配置され、それぞれの市町村教育委員会が服務を監督いたします。したがいまして、教職員の起こした不祥事につきましては、身分上の処分を行うことができる権限は都道府県教育委員会にございます。今回の件につきましては、県教育委員会と連携しながら、当該教論の行った行為が法に抵触するかなど、懲戒をも視野に入れた処分について、市教育委員会が慎重に事実確認を行い、検討、協議をし、県教育委員会に報告したものでございます。

　次に、文書訓告についてでございますが、研修後、市教育委員会では、指導措置として当該教論に対して市の行う処分の中で最も重い文書訓告を行いました。内容につきましては、当該教論が行った政治的中立性の確保に疑義が生じるおそれのある不適切な指導について、教育長より、今後再び同様のことを繰り返すことのないように、文書をもって当該教論に訓告処分を行ったものでございます。服務監督権者としての教育長による直接の指導は大変重いものであり、当該教論も事態の重大さを重く受けとめ、配慮の足りない不適切な指導を深く反省するとともに教育公務員としての自覚を改めたところでございます。

　次に、再発防止策などについてでございますが、本件を受け、市教育委員会では臨時に市内小中学校長研究協議会を開催いたしました。その中で、経緯説明とともに、市内の全小中学校教職員を対象に教職員の政治的行為の制限に係る実態調査を行うよう校長に指示をしたところでございます。調査は、政治的行為の制限についての具体的事例を示したチェックポイントを配付し、これまでの自分自身の指導について振り返るものでございます。市教育委員会では、全小中学校から調査の報告を受け、他の小中学校では今回のような実態がないことを確認しております。今後も、市教育委員会では、教育公務員としての服務のあり方に加え、法令などに基づく学習指導のあり方などの研修を充実させ、再発防止に全力で努めてまいります。

以上でございます。

○**鬼丸裕史副議長**　次に、木村学校教育部長。

──木村浩巳学校教育部長登壇

○**木村浩巳学校教育部長**　教育委員会における後援についてのご質問に答弁申し上げます。

　初めに、後援についての判断基準の考え方でございますが、後援につきましては、団体等が実施する事業の趣旨に賛同し、当該事業の実施について名義の使用をもって教育委員会が支援するものでございますので、教育委員会の政治的中立性の確保を含め一定の審査基準を設け、後援の可否について判断する必要があることから、春日部市教育委員会における共催及び後援事業に関する事務取扱要綱の第3条に審査基準を設け、対応しているところでございます。

　具体的な審査基準でございますが、平成27年度までの事業に対しましては、第1号で、事業の内容が広く市民を対象とし、その目的及び対象が市民福祉の増進に寄与すると認められるもの、第2号で、特定の政党もしくは政治的団体または特定の宗教のための活動でないもの、第3号で、営利または売名を目的としないもの、第4号で、参加者から参加料などを徴収する場合において、当該参加料などの金額が事業の実施上やむを得ない範囲を超え、参加者に過重な負担を負わせないもの、第5号で、事業が市内または近隣市町で実施されるもの、第6号で、法令などに違反していないもの、第7号で、公序良俗に反しないもの、または反するおそれのないもの、第8号で、参加者の安全及び衛生が十分に確保できているもの、第9号で、暴力団との関係がないもの、または関係するおそれのないもの、第10号で、その他教育委員会の運営に支障を来さないものとし、全ての要件を満たすことが承認の条件となっているところでございます。

　続きまして、後援申請から結果報告までの審査体制についてでございますが、後援の承認に当たりましては、後援申請の際に、事業目的、事業内容等が審査基準に合致しているかにつきまして、書類や聞き取りなどによって確認し、全ての審査基準を満たすものを承認し、申請者宛て後援承認書を通知しているところでございます。また、事業終了後には、承認を受けた団体に対し、収支報告やプログラムなどを添付した事業実績報告書の提出を義務づけておりまして、申請内容のとおり事業が実施されたかなどにつきまして、書類や聞き取りなどにより確認をしているところでございます。

　以上です。

○**鬼丸裕史副議長**　井上英治議員。

○**9番（井上英治議員）** ありがとうございました。よろしくお願いいたします。

　それでは、教育委員会の問題に移りたいと思います。豊春中学校の「赤旗」問題で、今回の「赤旗」配布をあたかも正当化し、教員にも自由があると言う人もいるようでありますけれども、今回の豊春中学校の問題では、教員は「赤旗」以外の反対論調である「自由新報」や産経新聞を提示して教育の中立性を維持しようとしたのでしょうか、教えていただくようにお願いします。

○**鬼丸裕史副議長** 川崎学務指導担当部長。

○**川崎信雄学務指導担当部長** 今回の指導におきまして、確かに生徒は各家庭からさまざまな一般紙を持ち寄っておりますが、担任単独で見たときには2度とも1紙を用いております。

　以上でございます。

○**鬼丸裕史副議長** 井上英治議員。

○**9番（井上英治議員）** そうですよね。教員からは「赤旗」しか提示をされていないので、政治的中立性は非常に問題があるということであると思います。ですから、埼玉県知事は、言語道断、非常識と、こういうふうに言ったわけです。

　それで、3月1日に埼玉県議会で、2月定例会というそうでありますけれども、公明党の権守議員が質問をしております。非常に勇気ある発言で、県議会では権守議員が、春日部市議会では私が質問するわけでありますけれども、それに対して上田知事は、やはりひとりよがりで非常識だと、こういうふうに言っておりますし、関根教育長も、今後の状況によっては厳しい処分を検討していく、市教育委員会としては一番重い文書訓告となったと、こういうふうに述べておるわけです。

　そこで、春日部市教育委員会に伺うわけですけれども、今回の問題で、私は9月の「赤旗」問題が起きたときの対応がまずかったと思うのです。埼玉県の高木委員長は、現場は重大性を認識し、直ちに県教育委員会に情報を上げるべきだったと言うし、埼玉県に情報も上げるべきだったと、それがおくれてきたというふうに言っているわけであります。なぜ9月の段階で、春日部市教育委員会は厳しい対応をとって、授業から外す、あるいは文書訓告を出す、あるいは業務命令を出すと、こういった対応をとらなかったのかを教えていただきたいと思います。

○**鬼丸裕史副議長** 川崎学務指導担当部長。

○川崎信雄学務指導担当部長　市教育委員会では、当該校の校長へ事実確認を依頼し、市教育委員会から校長へ、校長から当該教諭への指導を繰り返し行う経過の中で、当該教諭については改善に向けて一定の成果が見られておりました。この時点において、市教育委員会では継続した指導の範囲段階と捉えており、県へは報告をしなかったところでございます。

　以上でございます。

○鬼丸裕史副議長　井上英治議員。
○9番（井上英治議員）　問題の教員は、4回やっているわけです。9月24日に、安保関連法案の「赤旗」コピーと自分の意見プリントを配布している。また、同じく9月に、国語の授業中に安保関連法案で一方的発言を行った。それから、10月9日には、クラスの合唱会で先生の意見に近い発言をした生徒をべた褒めした、称賛した。それから、12月2日にマイナンバーの「赤旗」コピーを配布したということで、4回もやっているわけです。

　人事院規則では、政党の機関紙たる新聞その他を発行し、編集し、配布することは、これは政治的行為だというふうに言っているわけです。なぜ今回は埼玉県教育委員会が処分を出さなかったのか、その原因は、私は、9月の春日部市教育委員会の対応が間違っていた、不十分であった、だから今回埼玉県教育委員会は処分できなかったと思うのですが、市教育委員会は埼玉県に、なぜ処分できないのかということを議論し、追及して、問い合わせしなかったのか、その辺をお伺いします。

○鬼丸裕史副議長　川崎学務指導担当部長。
○川崎信雄学務指導担当部長　市教育委員会の対応についてでございますが、当該教諭の行ったこのたびの行為が法にどこまで抵触するのか、懲戒処分に当たる行為なのかについて何度も事実確認を行い、県教育委員会と協議してまいりました。その結果、偏ったひとりよがりな見解を述べたことによる、配慮を欠いた不適切な指導であると判断したところでございます。県教育委員会との協議、検討の結果、文書をもって訓告処分としたものでございます。　　以上でございます。

○鬼丸裕史副議長　井上英治議員。
○9番（井上英治議員）　先ほど言いましたけれども、人事院規則14―7の6項の7号では、政党その他の政治団体の機関紙を発行、編集、配布する、これは政治的行為であ

ると言っているのです。配布する、ちゃんと「配布」という文字が入っているのです。それがなぜ今回できなかったか。それは、市教育委員会から市議会に報告はありませんでしたけれども、調べているうちに私がなるほどと思ったことがあるわけです。

　これは12月2日の埼玉県教育委員長が記者会見した文書でありますけれども、その中で、目的と、それから行為と2つの中で、1つは、政治的行為の中でこう言っているわけです。申しわけないけれども、春日部市教育委員会のほうでそれまでの指導をしていないのです。ですから、これを職務命令違反ということにはちょっと言える状況ではないのだ。2つあるわけです、政治的行為と、それから業務命令に違反していると。政治的行為と業務命令違反をしている、この2点が処分の基準になると言っているのです。そのうちの最後の部分の、9月の春日部市教育委員会の本人に対する指導が業務命令違反というふうになっていないから、埼玉県としては処分できないと言っているのです。これは明らかに春日部市教育委員会の対応がまずかったこと、県の教育委員会が言っているではないですか。ちゃんと答えてください。

○**鬼丸裕史副議長**　川崎学務指導担当部長。
○**川崎信雄学務指導担当部長**　今回の件につきまして、法令に基づいて精査した判断では、配慮を欠いた不適切な指導ではあるが、懲戒には当たらないという判断は変わりません。

　次に、再びこのような事案が発生した際には、今回の反省を踏まえ、当初から市教育委員会が本人に直接かかわり、何が不適切なのか、指導の何を改めるのか、具体的な確認をいたします。そのことで本人の認識を高めるとともに、次にやったらどうなるのかということも強く指導し、再発の防止を進めてまいりたいと思います。

　以上でございます。

○**鬼丸裕史副議長**　井上英治議員。
○**9番（井上英治議員）**　時間がないので、後援のほうに移りたいと思いますけれども、チェックをしているというふうに、規定に基づいてチェックしているというのですが、その規定はちょっと不十分な規定だと思うのですけれども、これは今後も持続していく、守っていくつもりですか。

○**鬼丸裕史副議長**　木村学校教育部長。
○**木村浩巳学校教育部長**　後援の承認に当たりましては、教育委員会の政治的中立性の確保に留意する必要があるものと考えておりますことから、教育委員会の政治的中立性

をより明確にするため、要綱の一部改正をいたしまして、平成28年度分の事業から適用していきたいというふうに考えているところでございます。

　主な改正点につきましては、要綱の審査基準に2項目を追加いたします。1つ目は、政治的に賛否等の議論が分かれている特定の政策を支持し、または反対する主張を行わないもの、2点目は、教育委員会の政治的中立性を損なうおそれのないものでございます。また、これまで運用上、申請者に提出をお願いしておりました春日部市教育委員会共催後援確認シート、これを要綱に様式として追加をしてまいります。今後につきましては、改正後の要綱の審査基準に基づきまして、後援申請に対しまして適切に対応してまいりたいと考えております。

　以上です。

○**鬼丸裕史副議長**　井上英治議員。

○**9番（井上英治議員）**　事務取扱を改正したということですから、より厳格な政治的中立性を持った規定にしたということですから、その成り行きを見守っていきたいと思います。

　また6月の議会がありますので、そのときにことしの対応はどうだったのか、それからチェック、申請したときと報告をもらったときのチェックはちゃんとできているのかどうかをはっきり見きわめていただきたいと思います。申請したときにないやつが報告書の中に出てきている、しかも、母親の権利とか何かよりも戦争反対とか戦争法案反対という、こういう文書を配っているのが報告書になって出てきているわけです。全然目的と違うものをやっているということに対して、厳しい、やっぱりチェックをする必要があると思いますが、今までの件につきまして、教育長の政治的中立性に対する見解を伺いたいと思います。

○**鬼丸裕史副議長**　植竹教育長。

○**植竹英生教育長**　失礼します。

　申請の認可に当たっては、先ほど学校教育部長のほうから答弁があったように、審査基準に従って厳正に処理してまいりたいというふうに思います。

　以上でございます。

○**鬼丸裕史副議長**　以上で9番、井上英治議員の一般質問は終了いたしました。

＊　　　　＊　　　　＊

平成26年秋号　　井 上 えいじ 市精レポート

井上 えいじ
市政レポート

事務所：〒344-0062春日部市粕壁東3-6-8
携　帯　090-5498-3938
メール　eiji5inoue@docomo.ne.jp
http://eiji5inoue.web.fc2.com/

自　宅：〒344-0061春日部市粕壁5646-10
TEL/FAX　048-752-2521

発行人　井 上 えいじ

一般質問で、又しても税金の無駄使いを指摘！！

＜アシストと中央公民館の駐車場等で３億円！！＞

　９月定例会は８月25日から９月19日までの26日間決算を中心に行われました。私は、一般質問に立ち土地開発公社問題と赤旗問題を質問しました。

春日部市は、都市開発の代替地や事業用地として未だ、土地開発公社に９８億9000万円の借入れ金を抱え、その支払い利息は年額85000万円で、県内40公社中でも４位という高さです。その為、公社の監査報告でも毎回「未利用地の有効活用」や「維持管理費の軽減化及び業務外収益の増加」を指摘されています。その中でも、今回、私は駐車場活用が有望な八木崎小近くのアシスト臨時駐車場（894坪）と粕壁東３丁目の一宮町会館裏の教育センター駐車場（200坪）を取上げました。

① ふれあいキュ・ブに引越した保健センター建設用地として、アシスト駐車場は平成５年〜７年にかけて買上げ、その支払い利息は年間711万円です。一方、直ぐ近くの中央公民館第２駐車場(900坪)は平成６年利用開始で賃借料を毎年460万円支払っています。ホボ同時期に事業開始しているにも拘らず一箇所に集約しなかった為、一方では銀行に利息を支払い、一方では土地代を支払う税金の無駄使いが20年以上続いています。しかもアシスト駐車場は草茫々でそれ程利用されていません。民間に駐車場として貸出すべきだ！！と主張しました。

② 又、教育センター駐車場も常に満杯で利用されている訳でもなく、年間181万円の銀行利息を支払っていますが、駐車場利用すれば年額240万円近くの収入が期待できます。近くには、商工センターや文化会館の駐車場があり、特に文化会館駐車場は同じく教育委員会が管轄しているので教育センター利用者も利用できるように条例改正すべきだ、と提案しました。

答弁は「必要性を精査し総合的判断する」との事でしたが、この２案件だけでも春日部市が得べかりし利益は20数年で約３億200万円になります。これだけの金額があれば新規事業が何かできた筈です。

＜市議会議員の立場を利用した赤旗販売は禁止へ！！　＞

つい最近まで、市役所庁舎内で共産党市議会議員が市役所幹部に狙いを定め、共産党機関紙の「赤旗」の勧誘を行い、庁舎内で堂々と機関紙配布・集金を行っていました。共産党は、赤旗等の売り上げが党財政の83％を占めるほど大切な収入源であり、地方議員には赤旗拡大のハッパが掛けられるそうです。そこで市議会議員として「顔が利く」役所の幹部職員に勧誘を行うわけです。しかし、

（以下、文章省略）

第３章　ＬＧＢＴ条例と

夫婦別姓・生活保護問題

- ● ● ◐ ● ● ◐ ● ● ◐ ● ● ◐ ● ● ◐ ● ● ◐ ● ● ◐ ● ● ◐ ● ● -

1．ＬＧＢＴ条例制定の行く末と左翼応援団の動向

(1)　渋谷区「パートナーシップ条例」と埼玉「レインボーの会」

　渋谷区で「パートナーシップ条例」（渋谷区男女平等及び多様性を尊重する社会を推進する条例）が制定されてからと言うもの、ＮＨＫを初め左翼応援団の活発な動きが起きています。埼玉では「レインボーの会」が地方議会にＬＧＢＴ条例を定めるように要請活動が行われています。最終的には憲法違反の「同性婚」に繋がることになります。

　ＬＧＢＴとは、次のとおりです。

　　Ｌ（レズビアン）性自認が女性の同性愛者
　　Ｇ（ゲイ）性自認が男性の同性愛者
　　Ｂ（バイセクシュアル：性的指向が両性）
　　Ｔ（トランスジェンダー：体と心の性別が不一致）

　このことを指し、ＬＧＢＴの活動家は「人権問題だ」「差別されている」と訴えています。

　この問題を考える時、読者の皆さんにはぜひ、『反人権宣言』（八木秀次著、ちくま新書）を一読してください。特に本書の「人権が女性を不幸にする」の章が大切です。一部を引用します。

　「女性の人権を主張する立場に、フェミニズムと言うものがある……この女性解放論としてのフェミニズムは本来、社会主義・共産主義の思想的文脈のなかに位置付けられるものである」としてエンゲルスの「家族・私有財産・国家の起源」のなかで「夫は家族の中でブルジョアであり、妻はプロレアートを代表する」「女性の解放は……個別家族の属性を除却することを必要とする」「あらゆる意味で労働者階級の家族関係と家庭を解体するものであった」との主張がある事を紹介しています。マルクスも同様の事を資本論のなかで述べ、レーニンも「社会主義に移行しない限り女性は解放されない」と

していました。

(2)　フェミニズム・家族問題とロシア革命からスターリン憲法

　この考えを実践したのが1917年のロシア革命です。1918年のソビエト最初の家族法「戸籍、婚姻、家族および後見に関する法典」では、婚姻は、両親、教会の同意は不要。離婚も自由。嫡出子も非嫡出子も同権、となり、「恋愛、結婚、性は私事であり、国家は干渉すべきでなく……フリーな活動であるべきだ」（ライフスタイルにおける自己決定権＝一杯の水理論）の考えや「家事のアウトソーシング＝外注化」で共同住宅、共同炊事場、公共食堂、共同洗濯場、託児所、幼稚園、子供の家が作られました。

　この結果、家族関係、親子関係が弱くなり、少年犯罪・非行は急増。愚連隊による家宅侵入・略奪・破壊の増加。離婚の激増。出生率の急減。生徒の学校ボイコット。婦女暴行。何百万もの子供が両親のいる家庭を知らなくなりました。

　こうした事から、1934年に「家族死滅論を撤回」し逆に「家族強化論」を打ち出し家族・女性政策を根本的に転換したスターリン憲法を制定したのです。

　この流れは米国にも広がっており、2015年6月連邦最高裁は、同性婚を合衆国憲法の権利と認定、全米50州で同性婚が合法化されました。オバマ大統領の「米国を根本からつくり替える宣言」は、建国理念や伝統的価値の破壊を目指し、宗教系の大学や病院、各種団体に宗教放棄か事業断念の選択を迫っているといい、「クリスマスツリー」を「ホリデーツリー」と言い換える地方自治体も出てきているといいます。これに対してトランプ大統領の「メイク・アメリカ・グレイト・アゲイン」とは「米国を建国理念や伝統的価値を取り戻す」ことだというのです。

　日本の報道には、なぜこのような視点がないのでしょうか、真に不思議なことです。

　以上の思想背景があることを念頭に、私の平成30年9月定例会での質問を、議事録から読んでみてください。

平成30年秋号　井上えいじ　市政レポート

井上 えいじ

市政レポート

疑問と問題ありのLGBT条例制定には反対です・・！！！

　月刊誌新潮45への杉田水脈代議士論文「LGBTには生産性が無い」に対して、偏向報道の多い朝日新聞等が批判を行っていましたが、運動団体の狙いは憲法違反の同性婚、兄弟婚、親子婚であり「既婚は、もう恋の障害じゃない」（婦人公論1994年7月号）「娘が18歳になったら家族解散式を」と主張する社民党福島瑞穂参議院議員の流れです。彼らの言う教育での差別や病院での付添不可が春日部で起きているのかと質問しましたが、答弁では、春日部では無し。相談窓口は「よりそいホットライン」など整備されている。との事で、条例制定運動は『男女間の婚姻は、性的指向よりも優位性を持つ』との思想で改正された今年の相続法改正等の、法体系を破壊する運動であることが判明しました。

＜トピック①＞　29年度決算は ・・・・・！！
　一般会計の実質収支は49億2456万円の黒字。基金残高は127億1390万円で、不能欠損額も対前年1158万円減、収納率96.⁴%と改善されました。しかし、国保税は収納率68%と低迷し問題となっています。

＜トピック②＞　医療センターの初決算は黒字・・・・！！
　前年比入院患者は2万991人増。外来は1万2888人増。純利益2億1,967万円で、経営指標は総じて改善傾向です。医師数は4名増の73人。看護師は10人増の296人。薬剤師・栄養士等は4人増の75人。救急受入率も対前年度5.³%増の62.⁸%と改善されました。

＜トピック③＞　生活保護の外国人にも進学準備給付金が支給される・・・・・？？！！
　日本は世界の財布か・・と思わせるような議案が出されてきました。生活保護法が改正されたための条例改正議案ですが、実は1950年5月の厚生省社会局長通知で法の対象外の外国人にも「当面の間・・保護を行」っていた事が分かりました。（裏面参照）対象は永住者と配偶者、日本人配偶者、定住者、法廷特別永住者で、現在、春日部市には57人おり、今回の改正では返済不要の進学準備金を自宅通学者には10万円、下宿者には30万円支給するもので、私は反対しました。

＜トピック④＞　学校体育館にもエアコン・・・・・？？！！
　「市立小中学校の特別教室と体育館にエアコン設置を求める請願」が出されたが、否決されました。この暑さですから設置したいのは山々ですが、現在、春日部市内の小中学校は37校。普通教室は588教室。理科、図工、美術等の特別教室は337教室。体育館は37棟。その内、エアコン設置済数は662教室で、その事業費は22億300万円。国庫補助は3億2900万円。今回実施した場合、国庫補助は面積で計算。県補助金は無いため優先順位として否決となりました。

＜トピック⑤＞　井上えいじ市政報告会in参議院にご参加下さい・・・・・！！
　来る10月31日（水）11時30分参議院議員会館正面入口集合。その後、議員会館会議室にて市政報告会を開催し和田政宗参議院議員のご挨拶を受けた後、国会見学を行い、現地解散します。会費は、昼食、お茶、写真等の代金として1500円を現地でお支払い下さい。準備のため事前申込を、私までお願いいたします。

２．ＬＧＢＴ条例制定に反対する理由

平成 30 年 9 月定例会、一般質問（1 日目）9 月 6 日の議題は次のとおりです。

「疑問と問題ありのＬＧＢＴ条例制定には反対します。

(1) 行着く先は「同性婚」で憲法違反ではないか

(2) 現行法で大半は解決可能ではないか

(3) 相続法改正の精神は何か」

◇　ＬＧＢＴ問題と憲法（議事録）

＊　　　＊　　　＊

○荒木洋美副議長　引き続き一般質問を求めます。

次に、1 番、井上英治議員。

——1 番井上英治議員登壇

○1 番（井上英治議員）　ラストですけれども、ちょっと疲れていると思いますけれども、頑張っていきたいと思います。議席番号1番、井上英治でございます。平成 30 年 9 月定例会一般質問を発言通告書に基づき質問してまいります。

第 1 項目の 1 番目は、市立医療センターの利用サービス向上について伺いたいと思います（以下省略）。

大項目の 2 番目であります。疑問と問題ありのＬＧＢＴ条例制定には反対しますということであります。2018 年 8 月号、新潮 45 への衆議院議員、杉田水脈さんの「ＬＧＢＴには生産性はない」との論文に対して、日本をおとしめる報道の多い偏向新聞、朝日新聞などが批判キャンペーンを行い、論壇では先月の 7 月にちょっとした論争が起こりました。ＮＨＫも「ハートネットＴＶ」、ＥＴＶ特集といった番組を何回も放送しています。春日部市議会でもＬＧＢＴ問題は取り上げられ、条例制定まで求めていたと思います。

しかし、どんな必要性があり、問題点は一体ないのでしょうか。圧倒的多数の市民は、児童虐待や難病支援、防災対策、医療・介護の充実など、ほかにもっとやることが

あるのではないかと感じていることだと思います。新潮45で杉田議員が言ったのは、子供をつくらないＬＧＢＴに税金を投入することが、果たしてよいのだろうかということだったと思います。それを7月24日の朝日新聞は、相模原市で起きた障害者殺人事件と結びつけて、ナチスの優生思想とリンクするという声を掲載、8月3日のＮＨＫ「ニュースウオッチ9」は、相模原事件犯人と根っこは同じだという難病支援団体事務局長コメントを流しております。ＬＧＢＴ条例運動への批判は一切許さないという一方的な空気づくりをしているというふうに感じます。むしろ、杉田議員の問題で言えば、ゲイと名乗る人間からの殺人予告メールのほうこそ人権と言論の自由の問題として取り上げるべきではないでしょうか。杉田議員には人権を認めないつもりでしょうか。

　この種の問題では、当事者の人権の強調ばかりで、相手方の人権には配慮がないように感じます。差別問題はあってはならないわけで、憲法第14条では、「すべて国民は、法の下に平等であつて、人種、信条、性別、社会的身分又は門地により、政治的、経済的又は社会的関係において、差別されない」と定めています。ＬＧＢＴ問題も、当然憲法の趣旨に含まれるはずであります。しかも、憲法を初めとする我が国の法体系は、男女の法律の婚姻を優遇し、保護しています。一方で、夫婦には同居、協力、扶養義務を課し、不貞行為を禁止しています。これは男女の婚姻のみが国民国家、日本民族の子孫を残す手段であるからです。男女間の異性愛は、性的指向よりも優位性を持っています。持つべきものであります。

　男女間の異性愛は、性的指向よりも優位性を持っているのであります。世界人権宣言第16条、国際人権規約第23条にも同様の表現があります。人権尊重も国家あってこその人権です。国家を構成する国民、その国民を次世代につなぐ夫婦、だからこそ男女の婚姻、男女の異性愛のみが性的指向よりも優位性を持っているのであります。実際、民法学者の大村敦志東大教授も家族法第3版で、民法の前提として婚姻は子供を産み育てるためのものだという観念があると書いてあります。その点の理解不足があると議論はかみ合いません。

　渋谷区の条例は、異性愛、同性愛、両性愛、無性愛などの性的指向を同一に扱っているので、婚姻制度の崩壊の危機を感じさせます。それにもかかわらず渋谷区のパートナー条例のように、なぜか特別の定め、条例を要求する必要は何か別の意図があるのでしょう。多分それは同性婚の実現でしょう。ＬＧＢＴ推進団体のレインボーさいたまの会のパンフレットでは、ＬＧＢＴの人には、そうでない人と同等の権利を与えることは当然、同性を生活上のパートナーとする人々に法的な家族を与える制度は、今や欧米を越えて南米やアフリカでも行われていると、同性婚が目標であることを隠していません。

日本で初めてゲイの地方議員であることを公表した豊島区議会議員の石川大我議員は、こう言っています。「パートナー証明書の発行、そしてその次の、その先のレベルの同性婚、同性パートナー制度ができ上がることは当たり前になると思う」と議員情報レーダー 2017 年 3 月 20 日号で発言しています。ちなみにこの石川議員は、福島みずほ社民党参議院議員の秘書でしたけれども、福島みずほ参議院議員といえば憲法改正反対の急先鋒です。しかし、憲法第 24 条は、同性婚は違憲と言っています。同性婚を認めれば、次に来るのはきょうだい婚であり、親子婚であり、多重婚であります。それをどんな理屈でストップできるのでしょうか。

　一方で、福島議員は、婦人公論 1994 年 7 月号に「既婚はもう恋の障害ではない」と不倫と浮気の勧めを書き、選択的夫婦別姓を言って、自分の両親と夫の両親は 1 度も会ったことがないとミセス 1996 年 1 月号で述べています。娘が 18 歳になったら、家族解散式を行うとも言っている人であります。渋谷区同様、やはりパートナーシップを定めた宝塚市の中川智子市長も福島みずほ議員同様に元社民党代議士であり、土井たか子社民党元委員長のチルドレンであります。

　そこで、伺いますけれども、春日部市には人権相談、行政相談、法律相談などの市民相談窓口など、たくさんありますけれども、このような窓口におきまして、ＬＧＢＴ問題での純粋な悩みとしての相談件数は、ここ数年春日部で何件あって、どのような内容のものだったのでしょうか、お伺いいたします。

　2 つ目に、同じように教育委員会でもいじめなどの悩み相談窓口を設けていますが、この窓口、ここ数年、ＬＧＢＴに絡んだ相談件数が何件あったのか。あったとすれば、どのように対応したのかをご答弁お願いしたいと思います。

　これで一括質問を終わりたいと思います。

○**荒木洋美副議長**　答弁を求めます。

　次に、木村総務部長。

　　　　　　　　　　　　　　　　　　　　——木村浩巳総務部長登壇

○**木村浩巳総務部長**　ＬＧＢＴに関連しました相談件数に関するご質問に答弁いたします。

　人権相談につきましては、法務省から委嘱されました人権擁護委員が行っていることから、法務局において相談件数等を把握しているところでございます。このため法務局に確認をしたところ、市単位での数値の公表はしておらず、地方法務局管内の相談件数を公表しておりますので、さいたま地方法務局管内の過去 3 カ年の相談件数を申し上げます。平成 27 年では性的指向の相談が 2 件、性同一性障害の相談が 10 件、平成 28

年度では性的指向の相談がゼロ件、性同一性障害の相談が６件、平成29年では性的指向の相談が１件、性同一性障害の相談が５件となっております。

　相談内容につきましては、差別待遇や強制、強要に関するものとなっているところでございます。

　以上です。

○荒木洋美副議長　次に、川崎学務指導担当部長。

　　　　　　　　　　　　　　　──川崎信雄学務指導担当部長登壇

○川崎信雄学務指導担当部長・教育委員会いじめ相談窓口へのＬＧＢＴに関する相談件数についてのご質問に答弁申し上げます。

　春日部市教育相談センターにおけるＬＧＢＴに関する児童生徒、保護者等からの相談は、電話、面談、ファクスのいずれにおきましても過去３年間ゼロ件でございます。以上でございます。

○荒木洋美副議長　井上英治議員。
○１番（井上英治議員）　ご答弁、どうもありがとうございました。

　続きまして、ＬＧＢＴの問題で伺います。先ほどお伺いしまして、何件ぐらい相談件数はあるのですかというところでございますが、予想どおりということではないですけれども、圧倒的少数ですよね。春日部市の教育委員会のほうには相談の件数は全くないと。それから、人権の問題、相談を受けたのは、さいたま市、埼玉県ですか、でいくと、埼玉県の今の人口は730万人ですけれども、平成29年度ですと１件ということですね。730万人の埼玉県民がいて、その性的指向での相談は１件と。性同一性障害は５件、性同一性障害というのは病気ですから、お医者さんに相談して、性転換をしていただくと、戸籍も男から女、女から男にかえることができるので、これは病気ですから、これはカウントしないで、性的指向ということになると１件ということですから、圧倒的、問題にするような数字ではないのではないかと。埼玉県のやつ、平成29年度、その１件は人口比でいくと0.079％、0.079％ですよ。誤差の範囲ですよ、これは。ですから、後から聞きますけれども、ほかの手段で相談があった人には対応できるのではないかなというふうに思います。

　それで、世界を見渡すと、国連が呼びかけても同性愛を死刑にするのは13カ国、禁錮刑にする国は75カ国もあるというふうに国際レズビアン・ゲイ協会は発表しています。しかし、昔から日本では、男色という風習、風習と言ったらおかしいですけれども、

言葉がありますように織田信長とか、武田信玄、伊達政宗、近松門左衛門、そして歴史的には同性愛者、こういう方がいたわけです、現実に。ですから、特別な存在ではないわけです。まちの人間も、それなりに対応していたというふうに思います。大体こういう人たちは能力があるのですよ、芸術的な能力とかね。

　それから、最近ですと、これはちょっと私は確認したわけではありませんけれども、美輪明宏とか、ミッツ・マングローブとか、マツコ・デラックスとか、こういう人たちがいますけれども、この人たちを排除して差別するとかということは全くないですよ。芸能界でどんどん活躍しているではないですか。ですから、その辺の心配は、私は差別とか、そういう変な思いをすることは、持っている人は少ないのではないか、いないのではないかなと思います。

　それから、渋谷区でパートナーシップ条例というのができました。ところが、6月19日の読売新聞が報じておりますけれども、そのパートナーシップ条例が制定されたときには批判が殺到して、数カ月で4,000通以上のファクスが鳴って、区役所の電話は鳴りっ放し、業務に支障が出たと、こういうふうに言っているのです。こればかりではなくて、パートナーシップ条例の第1号の証明書発行された人がいます。Tokyo SuperStar Awardsというコミュニティ賞を受賞した、東京ディズニーランドで初の同性結婚式を挙げて話題となった宝塚の東小雪さんと増原さんという方がいますけれども、平成17年12月にもう既に離婚しています。渋谷区に証明書を返還しています。だから、反対の多い条例でも成立してしまえば、いろいろなところにお金をかけて、トイレの改修とか、婚姻関係の条例とか、教育とか、こういうところに行政は力を注がざるを得ない。だから、もっとほかの分野にお金を使うべきではないかというのが、杉田議員の主張でしたけれども、それでもことし6月13日の朝日新聞によると、レインボーさいたまの会というグループが、27自治体に請願の一斉行動をとると言っていました。そういう報道があります。このグループは、これを夏の陣として、今度は秋の陣、冬の陣と継続していくということですから、春日部市に冬の陣が来るかもわかりません。この報道による各自治体の埼玉県内の状況はどうなっているのか、お伺いします。

○荒木洋美副議長　木村総務部長。
○木村浩巳総務部長　埼玉県内の他市におけます、ＬＧＢＴに関する請願でございますが、6月議会にＬＧＢＴ関連の請願が出された自治体は、さいたま市、飯能市、加須市、川越市、坂戸市、毛呂山町の6自治体となっております。このうち採択となった自治体につきましては、さいたま市、飯能市、川越市、毛呂山町の4自治体で、不採択となっ

た自治体が加須市、坂戸市の２自治体となっております。

　以上です。

○荒木洋美副議長　井上英治議員。

○１番（井上英治議員）　採択されたところが多いようですが、６自治体ですけれども、春日部市にも次の議会あたりに請願が来るかもしれませんけれども、よく判断していかなければいけないと思います。その判断材料として、次に質問したいと思いますけれども、ＬＧＢＴ条例の推進者が問題だと言っている大半は、現在の体制でも運用可能ではないかなと私は考えています。例えばＬＧＢＴ法連合会というのが９分野 264 項目の問題を挙げています。その中で、例えばパートナー入院で病室での対応、付き添い、看護させてもらえなかった。診療所を提供してもらえなかったというふうに言っているわけです。だけれども、僕の知識で言えば、パートナーとしての公正証書をつくって利用すれば問題ないのではないかなというふうに思います。公正証書でパートナー登録したのに春日部市立医療センターでは病室での付き添い、看護等については拒否するのかどうか、これを伺いたいと思います。

○荒木洋美副議長　落合病院事務部長。

○落合和弘病院事務部長　医療センターにおける付き添いにつきましては、通常は必要といたしませんが、患者の方の状態によっては、ご家族と相談させていただきまして、付き添いをお願いしている状況でございます。この場合の家族の考え方でございますが、平成 30 年３月に改正された、厚生労働省が示している「人生の最終段階における医療・ケアの決定プロセスに関するガイドライン」の中では、従来の家族の考え方を家族等として、親族関係としての家族に加えて本人が信頼を寄せている親しい友人等も含めるものというふうに明確化されております。当センターにおきましては、親族関係としての家族を基本といたしますが、公正証書としてあらかじめ指定された方、または本人が入院時に文書で指定した方などについて、本人から親しい友人としての申し出があれば、国の考え方と同様として付き添いなど可能というふうに判断をしております。

　また、今回のガイドラインの見直しにつきましては、国が示している見直し理由は、今後単身世帯がふえていくことから、本人が信頼を寄せている親しい友人も含むものとしたものでございまして、当センターにおいても、こうした趣旨を踏まえたものとなります。

　以上でございます。

○荒木洋美副議長　井上英治議員。

○１番（井上英治議員）　単身世帯がふえているからこう制度が変わったと。だけれども、その中にＬＧＢＴでいうところの問題もそこに含まれている、対応可能だよということですから、医療センターでは問題ないということで、ＬＧＢＴ法連合会が264個も挙げているやつは、ほとんど解決すると。春日部では起こることは、まず想像できない。しかも、公正証書をつくっておけばできるわけですよ。何騒いでいるの。問題があるとしたら公正証書をつくってくださいよと、渋谷区の条例は公正証書をつくってくださいとなっていますけれども、それで対応できるのではないかなと思うのです。

　それとは別に政府も、そういういろいろな対応について、もう既に動いているのですよ。トランスジェンダーの人が、医師の判断によって手術を行います、これは別ですよ。しかし、そのほかの問題、例えば人権の問題とか、学校の問題とか、そういった問題については、政府もいろいろ対策をとっております。この具体的な相談窓口、対策についてわかるだけお答えをお願いいたします。政府の取り組みね、お願いいたします。

○荒木洋美副議長　木村総務部長。

○木村浩巳総務部長　ＬＧＢＴに関する国の動きでございますが、主なものを申し上げます。平成27年度に策定されました第４次男女共同参画基本計画におきまして、性的指向や性同一性障害、女性であることで複合的に困難な状況に置かれている人々への対応が記述されまして、性的指向や性同一性障害を理由として困難な状況に置かれている場合、実態の把握に努め、人権教育、啓発活動の促進や人権侵害の疑いのある事案を認知した場合の調査、救済活動の取り組みを進めることや、法務局・地方法務局の人権相談におきまして、相談者が利用しやすい人権相談体制を充実させること、さらに性同一性障害等の児童生徒等に対する学校における相談体制を充実させるとともに、関係機関との連携を図りつつ、支援体制を整備することが記述されております。

　また、平成29年７月閣議決定の自殺総合対策大綱におきまして、自殺対策は、社会における生きることの阻害要因を減らし、生きることの促進要因をふやすことを通じて、社会全体の自殺リスクを低下させる方向で実施する必要がある。そのため、さまざまな分野において生きることの阻害要因を減らし、あわせて生きることの促進要因をふやす取り組みを推進するとし、性的マイノリティーへの支援の充実として、法務省では法務局・地方法務局、またはその支局や特設の人権相談において相談に応じること、人権相談等で性的指向や同一性障害に関する嫌がらせなどの人権侵害の疑いのある事案を認知した場合は、人権侵犯事件として調査を行い、事案に応じた適切な措置を講じること。

　文部科学省では性的マイノリティーが社会や地域の無理解や偏見などの社会的要因によって自殺念慮を抱えることもあることから、性的マイノリティーに対する教職員の理解を促進するとともに、学校における適切な教育相談の実施などを促すこと。

　厚生労働省では、性的指向、性自認を理由としたものも含め、社会的なつながりが希薄な方々の相談先として24時間365日無料の電話相談窓口、これはよりそいホットラインという名称だと思います。を設置するとともに、必要に応じて面接相談や同行支援を実施して、具体的な解決につなげる寄り添い支援を行うこと、性的指向や性自認についての不理解を背景として、パワーハラスメントが行われることを都道府県労働局に配布する「パワーハラスメント対策導入マニュアル」により周知を図るほか、公正な採用選考についての事業主向けパンフレットに性的マイノリティーの方などの特定の人を排除しない旨を記載し、周知すること、また職場におけるセクシュアルハラスメントは、相手の性的指向、または性自認にかかわらず該当することがあり得ることについて、引き続き周知を行うことが記述されているところでございます。

　また、刑法の一部を改正する法律に対する附帯決議におきましては、被害者となり得る性的マイノリティーに対して偏見に基づく不当な取り扱いをしないことを関係機関等に対する研修等を通じて徹底させるよう努めること、児童福祉法及び児童虐待の防止等に関する法律の一部を改正する法律案に対する附帯決議において、性的マイノリティーの入所者の存在を考慮し、適切な対応について研究を進めることが盛り込まれたところでございます。

　以上でございます。

○荒木洋美副議長　井上英治議員。
○1番（井上英治議員）　ありがとうございました。今ご答弁にありましたことを理解すれば、大体国においても制度的にも体制は整っているというふうに理解していいと思うのです。それでもこういうLGBT条例をつくるべきだという人たちは、特定の政治勢力で、主に何か別に狙いがあって、それで活動家が動いていると、こういうふうに勘ぐりたくなってしまうわけです。ですから、しっかりと今の現行の制度の中で対応できるようにすればいいというふうに思います。

　それから、大切なことなのですけれども、先月の7月13日に相続法というのが改正されました。この相続法が、この夫婦関係、同性婚とか、そういったものを考える上で非常に重要な改正だというふうに思いますけれども、この相続法改正のポイントについて、ちょっと解説してください。

○荒木洋美副議長　木村総務部長。

○木村浩巳総務部長　相続法の改正につきましては、民法及び家事事件手続法の一部を改正する法律と法務局における遺言書の保管等に関する法律において民法のうち相続法の分野について改正されたものでございます。

　改正内容でございますが、大きく６つの項目がございますので、順に説明をいたします。第１項目ですけれども、配偶者の居住権を保護するための方策で、この中で２つの権利が新設されております。１つが配偶者短期居住権の新設で、配偶者が相続開始のときに遺産に属する建物に居住していた場合には、遺産分割が終了するまでの間、無償でその居住建物を使用できるようにすること、２つ目が配偶者居住権の新設で、配偶者の居住建物を対象として終身または一定期間、配偶者にその使用を認める法定の権利を創設し、遺産分割等における選択肢の一つとして、配偶者に居住者居住権を取得させることができるようにしたものでございます。

　２つ目の項目といたしまして、遺産分割等に関する見直しで、３つの方針がございます。１つ目が、配偶者保護のための方策で、婚姻期間が20年以上の夫婦間で、居住用不動産の遺贈または贈与がされたときは、原則として計算上、遺産の先渡しを受けたものとして取り扱わなくてよいとしたものでございます。

　２つ目が、仮払い制度等の創設・要件明確化で、相続された預貯金債権につきまして、生活費や葬儀費用の支払い、相続債務の弁済などの資金需要に対応できるよう、遺産分割協議完了前にも一定の条件のもとで払い戻しが受けられる制度が創設されたものでございます。

　３つ目が、遺産分割前に遺産に属する財産を処分した場合の遺産の範囲についてでございまして、相続開始後に共同相続人の一人が遺産に属する財産を処分した場合に、計算上生ずる不公平を是正する方策が設けられたものでございます。

　３つ目の項目といたしまして、遺言制度に関する見直しで、３つの方策がございます。１つ目が、自筆証書遺言の方式緩和でございます。２つ目が、遺言執行者の権限の明確化です。３つ目が、公的機関、こちらは法務局になろうかと思いますが、公的機関における自筆証書遺言の保管制度の創設となっております。

　４つ目の項目といたしまして、法定相続人に認められる最低限の遺産分であります、遺留分制度に関する見直しで、遺留分を請求する権利である遺留分減殺請求権が生じる権利を金銭債権化すること、また金銭を直ちに準備できない受遺者などの利益を図るため、これらの者の請求により、裁判所が金銭債務の全部または一部の支払いにつき相当

の期限を許与することができるようになったものでございます。

　５つ目の項目といたしまして、相続の効力等に関する見直しで、相続させる旨の遺言等により承継された財産については、登記等の対抗要件なくして第三者に対抗することができるとされていた現行法の規律を見直し、法定相続分を超える権利の承継については、登記等の対抗要件を備えなければ第三者に対抗することはできないようにしたものであります。

　６つ目の項目といたしまして、相続人以外の者の貢献を考慮するための方策で、相続人以外の被相続人の親族が、被相続人の療養看護等を行った場合には、一定の要件のもとで、相続人に対して金銭請求をすることができる制度が創設されたものでございます。

　以上です。

○荒木洋美副議長　井上英治議員。

○１番（井上英治議員）　時間がなくなってきてしまったので、済みません。要するに一言で言えば、このＬＧＢＴ問題で言えば、今回の相続法改正の肝は、要するに配偶者保護、そして婚姻制度の強化なのです。つまり、この婚姻制度の中には内縁とか、事実婚とか、同性カップルは含まない。いいですか。婚姻制度の強化で、内縁、事実婚、同性カップルは含まないのですよ。つまり、日本の法体系は、そういうふうになっている。これをぶっ壊そうとするのが、地方から壊そうとしているのがＬＧＢＴ制定運動なのです。こういうのに乗せられてはいけないなというふうに私は思います。

　それから、性的マイノリティーの人たちに対して港区はアンケート調査をやっているのですよ。２月から３月。性的マイノリティーの人に対してですよ。ところが、その人たちは、どう答えているというと、「何か困ったことはありますか」の問いに、「いや、ありません」69.5％、それから「マイノリティーだと宣言しますか」、「しません」71％、こういうように結局騒いでいるのは活動家なのだと。実際マイノリティーの人たちは、そんなことは考えていないよというのが圧倒的多数であるということを、この事実をもって意見を述べておきたいというふうに思います。

　以上、平成30年9月の定例会における一般質問、特にＬＧＢＴ条例制定には反対するという一般質問を終わりたいと思います。ありがとうございました。

○荒木洋美副議長　以上で１番、井上英治議員の一般質問は終了いたしました。

　本日の一般質問は、１番、井上英治議員までといたします。

　　　　　　　　＊　　　　＊　　　　＊

3．選択的夫婦別姓に反対する理由

　夫婦同姓について最高裁判決平成 27 年 12 月に出たにも拘らず、選択的別姓を立憲民主党などが主張しています。その前段作戦としての「選択的夫婦別姓」制定運動が、地方議会から行われていて、2020 年 2 月から 4 月にかけて「選択的夫婦別姓制度の導入の意見書」を可決した地方議会数だけでも 14 議会に上ります。（2020 年 6 月 5 日付選択的夫婦別姓全国市議会旬報 2122 号）春日部市議会でも、令和元年（2019 年）9 月議会に、以下様な「意見書」が共産党議員団から出されましたが幸いにも否決されました。

＊　　　＊　　　＊

議第 16 号　選択的夫婦別姓制度の早期導入を求める意見書
番号
議第 16 号
令和元年 9 月 20 日　　否決
内容
選択的夫婦別姓制度の早期導入を求める意見書
　2018 年 2 月に内閣府が発表した「家族の法制に関する世論調査」によると、選択的夫婦別姓制度の導入に賛成・容認と答えた人が 66.9％に達し、反対の 29.3％を大きく上回っています。特に、多くの人が初婚を迎える 30 〜 39 歳の年代では賛成・容認が 84.4％にのぼっています。また、同年 3 月 20 日に開かれた衆議院法務委員会では、夫婦同姓を義務づけている国が、世界でただ一つ我が国だけであることを法務省が明らかにしました。

　日本国憲法は、個人の尊厳と法の下の平等を基本とし、家族法を個人の尊厳と両性の本質的平等に立脚して制定しなければならないとうたっています。ところが、現行の民法は、婚姻にあたり夫婦同姓を強制し、夫婦のどちらかが改姓しなければ結婚できない制度となっています。このため、改姓に伴う煩雑かつ膨大な事務手続き、望まない改姓による精神的苦痛、非婚化や少子化など様々な問題が生じています。

　氏名は、個の表象であって、人格の重要な一部であり、価値観や生き方が多様化している今日、別姓を望む夫婦にまで同姓を強要する理由はありません。我が国も批准している女子差別撤廃条約は、姓及び職業選択を含めて、夫及び妻に同一の個人的権利を保障することを締結国に求めており、こうした観点からも、選択的夫婦別姓制度の早期導入が求められています。

　よって国においては、民法改正案を国会に提出し、選択的夫婦別姓制度の早期導入を図るよう強く要望します。

　以上、地方自治法第99条の規定により意見書を提出する。

　令和元年9月20日

　　　　春日部市議会

　　　　衆議院議長　様

　　　　参議院議長　様

　　　　内閣総理大臣　様

　　　　法務大臣　様

＊　　　＊　　　＊

　これを簡単に説明してくれた八木秀次麗澤大学教授の一文（『日本の息吹』2020年4月号）をご紹介しますが、それを要約すれば、次の通りです。

①明治時代まで日本人の94％は性（氏・苗字）が無かった。商家などに屋号は有ったが、性は武士など少数だった。

②明治政府は、全国統一の戸籍整備のため平民に苗字を許可した。平民苗字必称令で全国民が苗字を持ったが、妻の姓は「生家の姓（源頼朝の妻は北条政子）」から明治31年の民法制定で「夫婦同姓（法律上は氏）」とした。昭和22年制定の現在に民法でも夫婦同姓と親子同性を規定した。

③「氏」は個人でなくファミリーネームだ。別姓夫婦は個人に純化し、家族氏は消滅する。

④別姓は革命的で混乱を生む。1) 子供姓は、どちらにするのか。2) 何時、誰が決めるのか。3) 子供が多数の時、共通かばらばらか。4) 姓が未定時の決定の仕組みをどうするのか。5) 同性夫婦は、別姓に出来るのか……等、問題は多い。

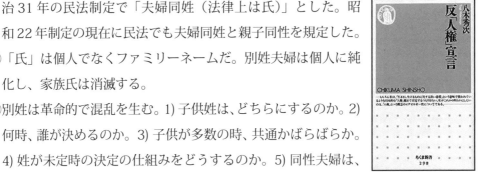

著者推薦：八木秀次著『反「人権」宣言』（ちくま新書）

LBGTや人権についての政府や地方自治体等が頒布している一般用資料

は一般化し、住民票やマイナンバーカード、運転免許証、パスポートでも旧姓の併記が可能だ。②は子供が娘一人しかいない場合に主張される

■夫婦別姓を巡る最近の動き

夫婦同姓は合憲とする最高裁判決（平成二十七年十一月）以降も、別姓推進派は各地で提訴し、地方議会でも選択的夫婦別姓を求める意見書が広がっている。二月二十六日、東京高裁は、ソフトウェア企業「サイボウズ」の青野慶久社長らが起こした訴訟において、原告の訴えを棄却したが、原告側は最高裁に上告する意向という。国会でも国民民主党の玉木雄一郎代表が選択的夫婦別姓導入を提言し、ヤジが飛ばされるなど話題となった。ワイドショーで歌手・俳優の武田鉄矢氏が「自分は前の姓を置いて来ているんだから冗談でも前の姓で呼ぶな」と妻に怒られたエピソードを披露、「女の覚悟の問題」とのコメントがネットで炎上した。今年一月の朝日新聞の世論調査では、選択的別姓導入に賛成69％（反対24％）となり、五年前の52％から大幅に賛成が増えている。また自民支持層でも63％が賛成となっており、「選択的」だからいいではないか、との安易な主張が広がりつつある。

> **選択的夫婦別姓制採用により、ファミリー・ネームは廃止に**

が、娘の子（孫）を養子にして家名を継がせばよく、何より孫が複数生まれても旧姓の存続は不可能だ。③も日常的に旧姓を通称使用すれば、一定程度緩和される。何れも民法改正を必要とする問題ではない。

平成二十七年十二月、最高裁大法廷は姓（氏）の性質について「夫婦及びその間の未婚の子や養親子が同一の氏を称することにより、社会の構成要素である家族の呼称としての意義がある」とした上で「家族を構成する個人が、同一の氏を称することにより家族という一定の集団を構成する一員であることを実感することに意義を見いだす考え方も理解できる」とし、「夫婦同氏制の下においては、子の立場として、いずれの親とも等しく氏を同じくすることによる利益を享受しやすいといえる」と、姓（氏）は家族の呼称とした上で夫婦同姓、親子同姓により家族の共同体意識、一体感が醸成されるとした。判決は改姓に伴う不利益は「通称使用が広まることにより一定程度緩和され得る」ともした。

同姓と別姓の選択制という主張もあるが、選択制であれ、制度として別姓を認めると氏名の法的性格が根本的に変わる。ファミリー・ネームは制度として廃止される。これは国民全体に関わる革命的変革だ。実際問題としても家族の呼称が廃止されれば、夫婦の間に生まれた子

平成八年の法制審議会答申に法務省民事局参事官として関わった小池信行氏は、夫婦別姓を認めると「家族の氏を持たない家族を認めること」となり、結局、制度としての家族の氏は廃止せざるを得ないことになる。つまり、氏というのは純然たる個人をあらわすもの、というふうに変質する」「現行制度の下で氏は単なる個人をあらわすものではなく、家族個人を表象するものである、ファミリー・ネームでもあることになる。選択的夫婦別姓制を採用した場合、別氏夫婦については、氏は個人の徴表に純化します。そうなると、全家族に共通する制度としての家族氏というものは消滅するということになる」（「夫婦別姓を考える」『講演』『法の苑』第五〇号）と指摘している。

判決は姓は家族の呼称とするが、夫と妻のどちらの姓を名乗るのか、姓をどうするのかの問題が生じる。別姓になると、姓は家族の呼称から変質する。選択的夫婦別姓制を認めるとどの時点で決めるのか、婚姻届提出時か、子の出生時か、子に選ばせるのか、複数生まれた場合は共通か、バラバラか、様々な問題が生じる。そこに双方の祖父母が関わる。姓が決まらなかった場合の決定の仕組みはどうするか、精緻な制度設計が必要だ。現在、同姓は別姓に変更できるのかの問題も生じる。経過措置を設けても、妻や夫が別姓を希望し、同時に子供の姓をどうするのかの問題が各家庭で生ずる。混乱は必至だ。現行の夫婦同姓・親子同姓の意義を認めつつ、不都合は旧姓の通称使用で緩和することが最も現実的な解決策と思われる。

やぎ・ひでつぐ
昭和37年、広島県生まれ。早稲田大学法学部卒、同大学院政治学研究科博士後期課程研究指導認定退学。憲法学専攻。高崎経済大学教授などを経て現職。現在、内閣官房・教育再生実行会議有識者委員、山本七平賞選考委員など。法制審議会民法（相続関係）部会委員として約40年ぶりの相続法制改正に携わった。

「選択的」だからこそいけないのだ

――「選択的」夫婦別姓はファミリー・ネームを廃止する革命的変革だ

麗澤大学教授　八木　秀次

平成二十七年十二月、最高裁大法廷は夫婦同姓を規定する民法750条（＊）は合憲との判決を出した。これで夫婦別姓の主張は収まるかと思いきや、またぞろ出てきている。

しかも世間の警戒感が薄れ、「選択的」だからいいではないか、との安易な主張が広がりつつある。しかし、「選択的」だからこそ危険なのだ。改めて問題の本質を指摘いただいた――

――（＊）民法第750条「夫婦は、婚姻の際に定めるところに従い、夫又は妻の氏を称する。」

夫婦同姓の歴史

明治になるまで日本人の九四％は姓（氏・苗字）がなかった。農家に百姓名、商家・職人に屋号はあったが、姓は武家など少数が称した。明治新政府は、身分制度を廃止した上で国民を把握するため、全国統一の戸籍を整備した。治安維持、徴税、徴兵、教育を目的としていた。その前提として明治三年、平民に苗字を許した。

しかし、苗字を持つ者と持たない者が混在しては兵籍事務に支障を来すとの陸軍省の要請で、明治八年、今度は「平民苗字必称令」を出した。皆、慌てて苗字を付けた。煎茶の銘柄や徳川四天王の名前を付けた者や、愛媛県の漁村では魚の名、隣村では野菜の名を付けた例もある（柳田國男「名字の話」）。

「平民苗字必称令」の際、妻の姓に関して地方から伺いがあった。明治九年、政府は、武家の慣行に倣って妻は「生家の姓」を称すべきとした。源頼朝の妻は北条政子という具合だ。

しかし、地方から夫婦同姓は「地方一般ノ慣行」「民間普通ノ慣例」との違和感が表明された。国民一般の夫婦一体の生活実態や意識を反映して明治三十一年の民法制定でも妻が生家の姓を称するのは「夫婦家ヲ異ニシ夫婦ハ其家ヲ同ジウスルノ主義ニ適セズ」（梅謙次郎）とされ、「戸主及ヒ家族ハ其家ノ氏ヲ称ス」と規定した。妻は夫ノ氏ヲ称ス」とされ、家の一員として同姓（法律上は氏）となった。

昭和二十二年制定の現在の民法は「家」を廃止し、夫婦とその間の未婚の子を構成単位とした。結婚に際して「夫又は妻の氏」を称するとし、夫婦同姓と親子同姓を規定した。姓は家族の呼称となった。夫婦別姓の主張はこれを否定する。

別姓派、三つの主張と最高裁判決

主張には大きく①結婚により夫婦の一方が姓を変更するのは様々な手続きが必要で、仕事上の連続性もなくなる②結婚により一方の家名がなくなり、存続できなくなる③姓を変えることで自分が失われ、否定されたような気がする――の三種類がある。

別姓の主張は①を出発とし、女性が職業上、旧姓を使いたいことから始まった。現在では職場での旧姓使用

4．生活保護の実態が拡散したら財政はオーバーシュート‼──自立せず、国家や自治体などの社会への依存意識が高まる実態

(1) 福沢諭吉の建国精神

　福沢諭吉は『学問のすすめ』で「一身独立、一国独立」と言っています。その趣旨から、国民一人一人が独立の気概を持たなければ日本国は成り立っていかない。だから官営学校でなく私立の学校・慶応義塾を創設した、と聞いています。しかし、この精神は今の日本人には欠けてきているのではないでしょうか。それに火を付けているのが、朝日新聞、共産党などの左翼勢力だと、この本で指摘して来ましたが、今の生活保護制度にもそんな現象が垣間見えてきます。

(2) 生活保護費に関わる問題──春日部市の「市民」の定義

　生活保護費は、国が4分の3を負担し、地方自治体（県と市）が4分の1です。（第75条）が、多くの市民は、「生活保護受給って日本人だけ」と信じているのではないでしょうか。ところが、春日部在住の外国人にも特例として支給されているのです。これは永住資格を持つ外国人が生活に困窮した場合、日本人と同様に生活保護法の適用対象となるかが争われた訴訟の上告審で、最高裁第2小法廷は2014年7月18日、対象になるとした二審・福岡高裁判決を破棄し、原告側逆転敗訴の判決を言い渡しました。同法が適用対象と定めた「国民」に「永住外国人は含まれないと初めて判断した」にも拘わらずに、1950年（昭和29年）5月8日の厚生省社会局長通知（社発第382号）を

生活保護における外国人の取扱いについて

1. 憲法と生活保護との関係
　生活保護制度は、生存権を保障する憲法第25条を根源とするものであるが、憲法第25条は「すべて国民は、健康で文化的な最低限度の生活を営む権利を有する」と規定していることから、生活保護法も日本国民のみを対象としている。

2. 一定の外国人への準用
（1）しかしながら、適法に日本に滞在し、活動に制限を受けない永住・定住等の在留資格を有する外国人については、国際道義上、人道上の観点から、予算措置として、生活保護法を準用している。
　具体的には、
　（1）出入国管理及び難民認定法（以下「入管法」という。）別表第2の在留資格を有する者（永住者、定住者、永住者の配偶者等、日本人の配偶者等）
　（2）日本国との平和条約に基づき日本の国籍を離脱した者等の出入国管理に関する特例法の特別永住者（在日韓国人、在日朝鮮人、在日台湾人）
　（3）入管法上の認定難民
　が生活保護法の準用の対象となる。したがって、これら以外の者は対象とならない。

（2）外国人に対する生活保護法の準用を上記(1)〜(3)に限定する理由は、以下のとおりである。
　・生活保護制度においては、生活に困窮する者が、まずはその利用しうる資産、稼働能力その他あらゆるものを活用することが、保護を受けるための要件とされている。
　・このため、外国人に対して生活保護法を準用するためには、日本人と同様にこの要件を満たすこと、特に、日本人に生活保護を適用する場合とのバランスを考えて、自由に働くことができることが必要である。
　・これを満たす外国人とは、「適法に日本に滞在」し、「活動に制限を受けない」者である。
　・すなわち、「適法に日本に滞在」する外国人とは、在留資格を取得している者等であり、さらにその中で「活動に制限を受けない」外国人とは、身分又は地位に基づいて与えられる入管法別表第2の在留資格を有する者等（上記(1)〜(3)に該当する者）であるためである。

（3）したがって、単に在留資格を取得して「適法に日本に滞在」していると言っても、その在留資格が技術、技能、研究、短期滞在（観光）、就学等の入管法別表第1の在留資格（活動に基づく在留資格）の外国人であれば、就労が制限され、又は就労ができない（※）こととされていることから、生活保護法を準用していないところである。
※与えられた在留資格に属しない活動を行って、収入を得、又は報酬を受ける場合は許可が必要であり、許可なしに行った場合は、入管法上、強制退去及び処罰の対象とされている。また、単純労働は許可されない。

（4）なお、不法滞在の外国人については、
　・入管法上、日本に滞在することが認められておらず、強制退去の対象とされていること
　・生活保護の対象とすることが生活保護目的の入国を助長するおそれがあること
　から、生活保護法を準用していない。

（参考）被保護外国人の動向

平成5年度	28,114人
6	28,251
7	28,237
8	28,530
9	28,788
10	29,625
11	30,841
12	32,858
13	35,138
14	38,391

資料：福祉行政報告例
注）世帯主が日本の国籍を有しない者である世帯の人員数

（『井上えいじ市政レポート』から）

改訂していないからです。

　「法の対象外の外国人であっても、当面の間……保護」するとなっているのです。しかも、平成30年9月議会には、生活保護法改正に伴う条例改正が提案され「生活保護の外国人へ返済不要の進学準備金」を、自宅通学者には10万円、下宿舎には30万円

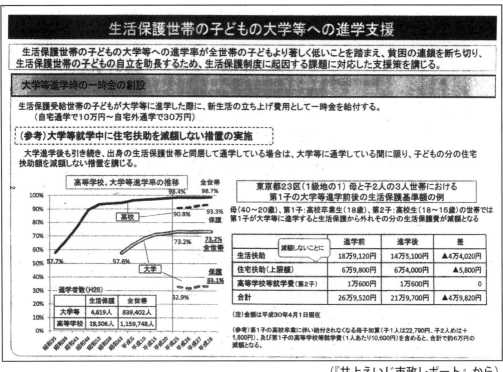

（『井上えいじ市政レポート』から）

支給するというのです。私は反対しました。

　軍事基地や有名観光場所のない春日部市でさえ、2020年1月現在で外国人・生活保護受給者数合計は65人。内訳は、フィリピン19人、南北コリア21人、中国9人、カメルーン4人、バングラデシュ4人、タイ4人、台湾1人、トルコ1人、ドイツ1人、その他1人です。なぜ、この人達を養うために我々は税金を払い続けなければいけないのか。人道上の考えならば日本が多額の分担金を支払っている国際機関がやるべき仕事ではないのでしょうか。

　日本の直ぐ近くの朝鮮半島には、2010年時点で、韓国が約4,908万人、北朝鮮が2,327万人、合計約7,235万人がいますが、万一第2次朝鮮戦争のような事が勃発したならば、相当数の難民移民が予想されます。大半は朝鮮族のいる中国（旧満州地区）に行くかも知れませんが、ベトナム戦争の時でさえ遥々日本へ、ボートピープルとして難を逃れてきましたし、ＥＵのようにシリア難民・移民が日本に押し寄せてくるかも知れません。日本人だけでさえ生活保護受給者が増えているのに、大量の難民・移民が押し寄せてくれば、オーバーシュートで日本の医療・介護制度、生活保護制度は維持出来なくなるのではないでしょうか。

　おまけに春日部市には「自治基本条例」なる物を制定しています。その条例の第3条には次のように市民を定義しています。その要旨は、春日部市に住民税も納めていない、春日部市に住んでもいない人（活動する個人及び団体＝難民・移民でも可能）が個人で要求活動を展開したり、団体を組織して要求活動を行った場合でも、「議会及び執行機関が、目的を共有し、それぞれの役割と責務に基づいて信頼関係を構築し、対等な立場で補い合い、協力して行動……」するように定め、「市長に対し、住民投票の実施を請求する」事まで出来るようにしてしまったのです。

　世の中には善人しかいない、悪用の心配はない、という発想なのです。私が議員になる前に制定されていて、この精神を受けて議会基本条例が平成24年3月議会に提案されたのですが、私一人のみの反対で、市議会は自分で自分の行動を縛る条例を定めてしまったのです。

＊　　　＊　　　＊

春日部市自治基本条例

（条例の位置付け）

　第2条 この条例は、自治の推進における最高規範であり、議会及び執行機関は、他の条例、

　規則その他の規程の制定、改廃及びその運用に当たっては、この条例の趣旨を最大限に尊重し、この条例との整合性を図ります。

（定義）

　第3条 この条例において、次の各号に掲げる用語の意義は、当該各号に定めるところによ

　ります。

　(1) 市民 市内に居住し、通勤し、通学し、又は活動する個人及び団体をいいます。

　(2) コミュニティ組織 地域を基盤とする自発的に組織される自治会等の団体及び地域や市民生活における課題について、共通の目的又は関心を持つ人が自主的に活動を行う団体をいいます。

　(3) 市民参加 広く市民の意見を反映させるため、市民が様々な形で市政へ自主的に参加することをいいます。

　(4) 協働 市民、議会及び執行機関が、目的を共有し、それぞれの役割と責務に基づいて信頼関係を構築し、対等な立場で補い合い、協力して行動することをいいます。

＊　　　＊　　　＊

(3) 最高裁の場まで持ち込まれた過剰な生活保護の権利意識難

　春日部市でこんな裁判が起きていました。最高裁は令和元年11月19日付で被告（春日部市）勝訴。控訴人・原告（生活保護受給者T）の敗訴＝請求棄却の決定をした旨の通知がありました。（事件番号令和元年・行ツ・第274号・行政上告事件）

　事の起こりはこうです。生活保護受給者Tは、春日部から品川までの通勤交通費（1ヶ月定期分）を、市側が国の基準に基づき「必要最小限額」として北千住周りの4万9,540円で支給したことに対し、便利だと主張する大宮周りの7万4,950円を支払えと「支給決定処分取り消し」と「差額2万5,410円の支払い」「延滞金と訴訟費用」を求めて、さいたま地裁に平成30年5月15日付で訴訟を提起してきたのです。

　もちろん一審は、平成30年12月5日の判決で、これを請求棄却しましたが、Tは東京高等裁判所に控訴。しかし、これも令和元年6月13日判決で請求棄却されましたが、Tは、何んと今度は最高裁に上告し既に述べた結果となった、と言う経過です。この間Tは、3裁判をほとんど弁護士なしでやりましたので、かかった費用は裁判関連書面に添付する「証紙代金」ぐらいのもの、と思われます。

　これに対して、裁判のお蔭で春日部市は裁判には勝ったとは言うものの、3回の裁判で多額の弁護士費用が掛かってしまいました。1審で37万8,000円。2審で18万9,000円。3審で107万円8,000円。合計164万5,000円という費用を強いられたのです。もし、裁判がなかったならば、その費用を他の事業にまわせたのに……と思う市民は多いのではないでしょうか。

　福沢諭吉の言う独立の精神が、左翼の権利ばかり要求する行動によって失われつつあるのではないでしょうか。実際、市側が生活保護のための財産調査、国民健康保険税滞納者への催促に対して、市議会審議の中で共産党議員から「人権侵害」ではないか……と言った類の質問が何回も行われて来たことは、議事録を読めば明らかです。

　そればかりではありません。そういった権利意識を増長させているのが共産党勢力です。令和元年（2019年）6月議会には下記のような請願が出されました。否決されたから良かったものの、可決されれば、次は冬手当の増額、その次は……と要求は天井知らずとなるハズです。

＊　　　＊　　　＊

令和元年6月18日

紹介議員

松本浩一、卯月武彦、並木敏恵、大野とし子、坂巻勝則、今尾安徳

請願の内容　　請願第1号

生活保護費に夏期加算を求める請願

要　旨

生活保護利用者（被保護者）の毎年6月から9月の生活扶助に、電気代相当額（エアコン使用による増加分）を上乗せ支給することを求める。

理　由

近年の地球温暖化や異常気象により、最高気温が35度を超えることが珍しくなくなり、気象庁は2007年4月より「猛暑日」という名称を付けて表現するようになりました。そのような酷暑の中、昨年厚生労働省は基準を改定して、一時扶助費としてエアコンの購入費（5万円まで）を認めるに至りました。しかしながら、生活保護利用者は、度重なる生活保護基準の引き下げにより、汲々とした生活を余儀なくされ、電力の使用を躊躇する者が少なくありません。エアコンを購入できても電気代を惜しんで利用できなければ、室内でも熱中症の危険があり、救急搬送や死亡例も、毎年発生しております。

エアコンの購入費を扶助しても、エアコンを利用できないのであれば、当該扶助の目的を達成することができないばかりでなく、命に関わる問題になります。添付した放送大学生の論文にある通り、自治体独自で、扶助費を加算することは可能です。

地方自治法第124条の規定により、

上記のとおり請願書を提出します。

2019年5月18日

　　　　春日部市議会議長　　鬼丸　裕史　様

　　　　　　　　　＊　　　　＊　　　　＊

平成27年春号　井　上　えいじ　市政レポート

井上　えいじ

市政レポート

事務所：〒344-0062春日部市粕壁東3-6-8
携　帯　090-5498-3938
メール　eiji5inoue@docomo.ne.jp
http://eiji5inoue.web.fc2.com/

自　宅：〒344-0061春日部市粕壁5646-10
TEL/FAX 048-752-2521

発行人　井　上　えいじ

井上質問が、又しても実現！！

＜中央図書館の開館日数が埼玉県で一番になります！！＞

3月予算議会は2月16日から3月12日までの25日間行われましたが、私が主張・要望していた「図書館サービス向上」と「120号踏切安全改良工事」が27年度に実施されることに成りました。

まず、中央図書館の開館日ですが、現在の年間280日程度から350日程度まで拡大（現在の毎週月曜日閉館を廃止）されます。しかも現在の市職員数を5人減員し、嘱託・臨時職員の増員、時差勤務によって実現します。これによって、県内の中央図書館では川口市、鴻巣市の年間開館日数333日を抜き県内1位と成ります。勿論、年末年始や図書整理日などの臨時閉館日は数日間予定されますが、現在の開館日順位の37位は大幅改善されます。

私はこれまでも中央図書館のサービス向上を提案・質問し、読書席の大幅拡大、武里図書館の開館日拡大を実現してきましたが、今度の条例改正で4月1日から中央図書館も実現します。開館時間も9-5時から9-7時まで延長されます。

＜粕壁東3丁目120号踏切の安全改良工事実現へ　！！　＞

春日部幼稚園・三愛保育園とコミュニテイセンター間の東武スカイツリーライン線踏切（120号踏切）はカーブで線路は波打ち状態でとても狭く危険な踏切です。

そのため、私は初当選以来何度と無く一般質問で取上げ、東武鉄道と交渉するように要望してきましたが、この程、誠に不十分ながらも27年度予算に900万円を計上し、早ければ秋にも改良工事を行うことに成りました。工事は、踏切板をプラスチイク板に交換し凹凸を緩和し40cmと僅かではありますが拡張するものです。線路内工事の為、夜間施工となり利用者には殆ど支障を与えない見込みです。これで、私の選挙公約が不十分ながら1つ実現しました。

一般質問では、駅東西への行き来に便利なように提案！！

富士見町地下道にベビーカー用スロープ設置を！！

春日部駅鉄道高架事業が一向に事業着手しないために、歩行者の東西往来が阻害されています。そのため、市議会では春日部駅構内無料通り抜けや駅の橋上化（北春日部駅のような）の提案がなされてきました。しかし、通り抜けはキセル防止の為東武鉄道が認めず、橋上化は踏切10個を無くせ

（以下、文章省略）

第4章　フェイクニュースの背景——エネルギー、沖縄、改憲、そして……

佐瀬昌盛防衛大名誉教授をお招きした「憲法改正をめざす春日部市民集会」。

1. 民意を誘導する大新聞・ＴＶ報道

(1) 新聞・ＴＶ報道で実際にあった偏向報道

　新聞やＴＶの報道や解説は、必ずしも真実を語っているとは限りません。いわゆる「報道しない自由」や「斜めから……」という姿勢によって印象操作が行われているのです。このあり方は、朝日新聞やＮＨＫだけではありません。

　忘れている方も多いと思いますが、1993年に椿（つばき）事件というものがありました。それは、当時のテレビ朝日取締役であった椿貞良報道局長が、時の総選挙で「反自民の連立政権を成立させる手助けになるような報道」を日本民間放送連盟（民放連）会合等で指示し、放送法違反（政治的な偏向報道）が疑われた事件です。こうして偏向報道が続けられた結果、選挙で自民党は破れ、民主党中心の野党連立政権が成立したのです。しかし選挙後、椿報道局長は、その偏向報道が国会で問題にされ、辞任しました。

(2) 今も蔓延している偏向報道

　偏向報道の傾向は、今も続いています。民進党等は、森友学園、加計学園、桜をみる会などで国会論戦時間の多くを費やし、朝日新聞も連日の如く報道しています。市議会においても同様趣旨の請願・意見書がだされていますが、これに反論をしなければ「フェイクニュースが真実」となってしまいます。

　例えば大きな話題となって報道を賑わせた「森友学園問題」は、後に件の理事長、長男が「朝日新聞に騙された父」という一文を『月刊ＷＩＬＬ』2019年8月号に寄せているように、そのほとんどが偏向報道でした。法の番人である検察も不起訴にしているわけです。国会は裁判所ではありません。しっかりとした証拠を基に国家防衛の基本問題を議論してほしい場所です。

(3)　「朝日新聞」の誤報・フェーク報道の記録

　ここで元祖フェイクニュースの朝日新聞のフェイクぶりを『月刊Hanada』「2018年誤報・虚報全史」を中心におさらいします。

● 1950年9月27日。地下潜伏中の共産党幹部の伊藤律と「宝塚山中」で記者会見したと虚偽報道。朝日新聞は3日後に謝罪。

● 1959年12月14日。この日から84年まで北朝鮮帰国事業を「地上の楽園」(訪朝歴5回の岩垂記者が書きまくる)と嘘を流し朝日はマスコミで最後まで事業に協力した。

● 1940年4月22日。朝日新聞広岡和雄社長が「中国訪問を終えて」を掲載。文化大革命を礼賛した。

● 1971年9月27日。朝日新聞後藤基夫編集局長が北朝鮮訪問し、金日成と会見。朴正煕暗殺には触れず、「南侵の方針を持ってないし、したこともない」との金日成の嘘だけを報じる。

● 1971年8月～12月。有りもしなかった「南京大虐殺」「万人工」等の嘘で固めた、本多勝一の「中国の旅」を連載。

● 1982年6月26日。高校生歴史教科書検定で、「侵略を進出」に、韓国「3.1運動を3.1暴動」に書き換えた、との事実無根記事を報道したが「本質は、検定の姿勢、検定全体の流れにある」と居直った。

● 1984年10月31日。朝刊一面で「日本軍による毒ガス戦の決定的な証拠」を報道。ところが産経新聞の石川水穂記者が誤報を指摘。担当の佐竹昭美学芸部長は「朝日に因縁付けるとはいい度胸だな！産経ごとき、叩き潰してやる」と言いつつ「場所が違っていた」とはぐらかし、訂正記事を書いた。

● 1982年9月2日。朝日新聞大阪版が吉田清治の朝鮮人強制連行問題を報道。1991年8月11日には大阪社会部記者植村隆が元慰安婦・金学順の記事を掲載。1992年1月11日には、1面トップで吉見義明中大教授の資料(慰安所、軍関与)を報道。何れも作り話。

● 1985年(昭和60年)8月。中曽根総理大臣の終戦記念日、靖国参拝を非難報道する。これで中国が日本政府に抗議。40年間歴代総理が59回も参拝していた事が途絶える。

- 1989年4月20日。沖縄県竹富町沖で、朝日新聞カメラマンがサンゴを気付けたのに「サンゴ汚したK・Yってだれだ」と虚偽報道したが5月20日謝罪。

- 2005年1月12日。NHKの女性国際戦犯法廷放送に、番組改編に中川正一通産相、安倍晋三自民党幹事長代理が政治介入と報道。朝日社長が取材不十分を認める。

- 2005年4月7日。天声人語が小説「戦艦大和の最後」にあった「手首切り」を史実の様に記述。下士官は日本刀を持って乗船しない。

- 2014年5月20日。福島第一原発事故の吉田調書で「調書入手、震災4日後には所長命令に違反、所員は9割が原発撤退」と報道したが、門田隆将氏の指摘で誤報が発覚。木村社長が認め謝罪。

- 2017年2月9日。朝日新聞が森友学園問題を「教育内容と明恵夫人が名誉校長就任」に絡めて報道。売却額値引き問題（予定額15億円が1億3400万円に）も大騒ぎに。しかし、自民党和田政宗参議院議員の指摘で、「安倍晋三記念小学校」でなく、「開成小学校」だと判明。そして息子の籠池佳茂氏も「朝日新聞に利用され捨てられた父（籠池奉典）と母」を『ＷＩＬＬ』2019年8月号に発表し朝日を批判。森友学園の隣でホボ同規模の豊中市公園は「大阪空港騒音訴訟」の土地の為98.8％引の2000万円で購入していた事も判明（現在は給食センター）。

  極め付きは2020年5月9日の産経新聞での籠池夫婦の「ＳＮＳ発信」記事。「ふと思い出せば何かおかしい。安倍犯罪だ、とか、主張する人たちに乗っかっていた」「野党議員4人が自宅を訪れ……私たちの知らない内に、仕組まれていました」「小学校を立てさせたくなかった方たちの妨害だった。真っ先に駆けつけたのは辻本清美さんだった」と告白したのだ。

- 2017年2月9日、朝日新聞が森友学園問題を「教育内容と明恵夫人が名誉校長就任」に絡めて報道。売却額値引き問題（予定額15億円が1億3,400万円に）も大騒ぎに。しかし、自民党和田政宗参議院議員の指摘で、「安倍晋三記念小学校」でなく、「開成小学校」だと判明。

  そして息子の籠池佳茂氏も「朝日新聞に利用され捨てられた父（籠池奉典）と母」を『ＷＩＬＬ』2019年8月号に発表し朝日を批判。森友学園の隣でほぼ同規模の豊中市公園は「大阪空港騒音訴訟」の土地のため98.8％引の2000万円で購入していた事も判明（現在は給食センター）。

  極め付きは2020年5月9日の産経新聞での籠池夫婦の「SNS発信」記事です。「ふと思い出せば何かおかしい。安倍犯罪だ、とか、主張する人たちに乗っかっていた」「野党議員4人が自宅を訪れ……私たちの知らない内に、仕組まれていました」「小

学校を立てさせたくなかった方たちの妨害だった。真っ先に駆けつけたのは辻本清美さんだった」と告白したのだ。

●2017 年 5 月 17 日。一面トップで「新学部、総理のご意向」「文科省に記録文書」と加計学園問題を報道。だが 2 年間新規参入を阻止してきた業界と、業界政治献金で動いていた石破茂元防衛大臣の事は書かず、加戸守行元文科省事務次官・元愛媛県知事や国家戦略特区委員長らが、総理が介入する余地はない、との証言も無視。また、総理指示は無し、が分かる「ご意向」文書の部分に影を落とし世論操作を画策、との批判が起きた。

●2020 年 4 月 4 日の朝日新聞社説では「安倍首相は、感染症を防ぐ効果がほとんど期待できない布製マスクを全世帯に 2 枚ずつ配布すると表明した。経費は数百億円という。……優先順位を間違いずに施策を進めねばならない」と、言いながら朝日新聞ＳＨＯＰでは布製マスクを 2 枚セット 3,300 円で販売。これは、安倍のマスク 2 枚約 400 円より高い。

●2020 年 5 月 8 日。和田政宗参議院議員がブログで指摘して判明した事。そのブログにはこう書いてあります。

　　[テレビ朝日「モーニングショー」でまた事実誤認の放送が。][昨日の自民党の会議に多くの議員が出席して 3 密だったのでは？との映像の中で、議員からも「ちょっとこれ 3 密だよ」と声が挙がったと、この発言音声込みで紹介していたが、これは私の前に座っていた議員が、会議室内で密集していたメディアの記者達に対し発言したもので、この発言の前に「ちょっとメディア……」と発言している]

　　テレビ朝日などの報道陣が 3 密したのに、あたかも、自民党が 3 密で会議をやっている様に印象操作したのです。

　　朝日新聞やＮＨＫ、テレビ朝日などの報道には、くれぐれも注意しなければいけないですね。自民党、なかんずく安倍政権の支持率を下げて憲法改正阻止を計っていく……。露骨に、疑問を持たせるようなことはせず「森友学園」「加計学園」「桜を観る会」などで、ジワリジワリと印象操作で世論を変えて行く作戦なんですね……。

●2020 年 6 月 7 日、ジャーナリスト門田隆将氏が産経新聞連載の「新聞に喝！」で指摘。昭和天皇肖像をバーナーで焼き、足で踏みつける作品に税金投入した「あいちトリエンナーレ・表現の不自由・その後」を巡り、愛知県大村知事リコール運動開始の記者会見を、百田直樹氏や高須克弥クリニック院長が記者会見。大阪吉村知事、名古屋河村市長らが賛意するニュース性が高い会見にも拘らず、産経以外の新聞は黙殺。報道しない自由を行使。

2．大切な日本のエネルギー政策

　わが日本は、残念ながら資源の乏しい国です。したがってエネルギー確保は国家にとっても地方自治体にとっても死活問題です。戦前日本は米国より「石油の禁輸」を行われたための日米開戦に踏み切りましたし、昭和50年台の2度にわたるオイルショックでは国民の「トイレットペーパー買い占め騒動」が起きました。そのために石油の備蓄を始めましたが、それも中東の政治不安やホルムズ海峡の船舶の安全を考えれば、どうしても自前のエネルギー源が必要であり、そのために、原子力発電が開始され始めたのは周知の通りです。

　しかし、国益を考えようとしない左翼勢力によって、全国各地で「原発反対運動」が起こされ、「原子力船むつ」も廃船となりました。

(1) 東日本大震災・福島原発事故で暴かれた問題

　平成23年（2011年）3月11日には、東日本大震災が発生し、巨大津波が東京電力福島第1原発事故を襲い、大惨事を引き起こしてしまいました。残念な事に、時の総理は対応を誤り、朝日新聞に至ってはとんでもない虚偽報道で国民を惑わしました。

①当時の総理大臣は、市民運動しか知らない民主党の菅直人であったため、事故発生翌日に現地視察するなど「過剰介入」（読売新聞）で混乱を招いてしまいました。

②朝日新聞は5月20日付朝刊で、事故対応に当たった第1原発吉田昌郎所長が、政府事故調の「聴取結果（いわゆる吉田調書）」で語った事を捻じ曲げ、「所長命令に違反、原発撤退」「福島第一所員の9割、第2原発に撤退」との嘘報道をして国民を騙そうとしました（その報道は2014年9月に取消され、その責任をとって木村社長が辞任）。

　──このような混乱があり、地方議会でも共産党などが放射能汚染危機を煽りたてました。

　放射線が人体に及ぼす影響については、福島県立医科大学副学長であり福島県放射線健康リスク管理アドバイザーの山下俊一氏が、こんな研究成果を述べておられます。

　「広島、長崎で被爆された方々について、60年以上精度が高い疫学調査を続けて明らかになっているのは、100mmシーベルト以上の放射線を浴びると、ガンになる可能性が0.5％くらい増えるという事です。しかしながら、今回の事故で警戒区域の方々が浴びた放射線量は、多い方でも年間積算被爆線量が20mmシーベルト以下という低い量です」（月刊致知2012年9月号）

　また、2019年6月4日の産経新聞では「福島県県民健康調査検討委員会評価部会は、事故当時、18歳以下だった県内すべての子供を対象に平成26、27年度に実施した2巡目の甲状腺調査結果について、現時点では甲状腺がんと被爆との関連は認められない」との報道がされています。

　このように、当時の左翼勢力の言い分は、単に「市民に不安を煽るだけ」の根拠薄弱なものだったのです。

　そんななか、春日部市議会に出された共産党の「意見書」を巡る論争をお読みください。なお当時の、放射線などの専門的知見は札幌医科大学高田純教授の「福島、嘘と真実」「お母さんのための放射線防護知識」（いずれも医療科学社）。「アパグループ懸賞論文第4回」（福島は広島にもチェルノブイリにもならなかった）や「放射能を怖がるな、ラッキー博士の日本への贈り物」（（株）日新報道）などを参考にしました。

　しかし、悪い話ばかりではありません。今年（2020）4月20日の報道によれば、茨城県大洗町にある日本原子力開発機構の世界最高性能である「高温工学試験研究炉（HTTR）」が、原子力規制委員会の審査合格に実質的な合格になったそうです。

　軽水炉と違い原子炉の熱取り出し（軽水炉の3倍の950℃）をヘリウムで行うHTTRは「高温ガス炉」と呼ばれる極めて安全性の高い次世代原発で、原理上「炉心溶融事故」は起きないそうです。水を使わないので砂漠に建設出来て、クリーン燃料の水素も製造できるといいます。早いところ、これを実稼働して貰いたいものです。さもないと、2018年9月に北海道で発生した地震による大規模停電（ブラック・アウト）がいつ起きるか分かりません。

　電力はインフラ中のインフラです。情報通信、水道、医療のほとんどが電力に頼って

いる現状で、全てを太陽光発電で賄えるとは思えないからです。

(2) 「原発再稼働」を必要とする理由

＊　　　＊　　　＊

○**河井美久議長**　日程第9、議第9号議案　原発再稼働に反対する意見書を議題とし、提案理由の説明を求め、質疑、討論、採決をいたします。本案について提案理由の説明を求めます。

　5番、卯月武彦議員。

○**5番（卯月武彦議員）**　5番、卯月武彦です。議第9号議案　原発再稼働に反対する意見書について、提案議員を代表して、提案説明を行います。

　原発は、一旦重大な事故を起こせば地域的にも時間的にも広範な被害を周囲に及ぼすことになります。かつて政府も電力会社も炉心溶融のような過酷事故は起きないとの安全神話にとらわれ、福島原発事故を引き起こしました。新しい規制基準さえ満たせば安全だというのは、新たな神話そのものと言わざるを得ません。

　福井地方裁判所は、5月21日、関西電力の大飯原子力発電所3、4号機の再稼働差しとめを命じました。判決の意義は大きく4つあります。第1は、憲法で保障された人格権は、これを超える価値をほかに見出すことができないと宣言したことです。第2は、他の技術とは異なる原発の本質的な危険性を繰り返し強調していることです。第3は、原発安全神話に対し厳しい断罪を下したことです。第4は、国民の命よりもコストを優先する考え方をきっぱりと退けたことです。この4つの判断は大飯原発だけでなく、全国の原発に当てはまるものです。

　再稼働を急ごうとしている鹿児島県の九州電力川内原発は、かつて超大規模な火砕流が何度も到達した地域にあります。火山学者などから桜島や阿蘇火山、霧島火山などの火山の影響を懸念する声が上がっています。事故が起こった場合の住民の防災計画や避難計画が自治体任せになっていることも問題で、避難計画策定の作業は難航しており、未策定の自治体が多数に上っています。以上のことから、原発の再稼働は行わないよう強く要求し、意見書を提出するものです。

　議員各位のご賛同をお願いして、提案説明といたします。

○**河井美久議長**　続いて、討論を求めます。

9番、井上英治議員。

──9番井上英治議員登壇

○**9番（井上英治議員）**　議席番号9番、井上でございます。議第9号議案　原発再稼働に反対する意見書に反対の立場で簡潔に討論を行います。

　第1に、この意見書には日本のエネルギーをいかに確保するかの視点が全く見えません。危険だ、危険だと騒いでいるだけであります。言うまでもなく日本は自前のエネルギーを持っていません。それは、第1次、第2次石油ショックで嫌というほど思い知らされたはずであります。メタンハイドレートもまだ実用化されていません。シェールガスもアメリカの東海岸が多く、海上輸送問題がネックとなっております。そのために純国産エネルギーたる原子力発電は日本は選択したわけでありますから、今後も安全性に十分留意しながら、原発をベース電源としていくべきであるというふうに私は考えますので、意見書には反対いたします。

　反対理由の第2は、安全問題です。安全は、何事にも優先すべきだと考えますが、世の中に絶対安全というものはありません。海岸ではなくプールで泳いでも、自転車に乗っても絶対安全ということはありません。しかし、原発にだけは絶対を求めるということは別の意図が隠されていると思われます。福島の方には大変迷惑な事故であったとは思いますが、放射能での死亡事故はあったでしょうか。がん死亡率は高まるという心配が世を席巻しましたが、福島でそんなデータが出たのでしょうか。

　ことし2014年2月24日の日経新聞朝刊は、福島の甲状腺がん、放射線影響は考えにくい。国際研究会と題して、これまで福島県で見つかった33人の甲状腺がんについては、高性能機器使用でこれまで見つけられなかった症状の軽い患者を見つけた可能性が高く、放射線の影響は考えにくいと報じました。国際研究会とは、環境省、福島医大などの主催で、ＷＨＯ世界保健機関、国際放射線防護委員会ＩＣＲＰ、米国国立がん研究所、ウクライナ国立医学アカデミーなどが所属する専門家40人が参加して出した結論であります。

　また、本年4月3日の読売新聞は、国連科学委員会ががんの増加は想定できないとの報告書を発表したと報道しました。この委員会は、放射線に関する国際的な調査研究組織で、がんリスクの増加は一般的な日本人ががんになるリスク35％に対して非常に小さいとの報告でありました。3年前の大報道に対して、今回の報道の小さいこと、これでは一般人は見過ごしてしまいます。やはり放射能は怖いというイメージが定着しています。しかし、放射能は決して怖くはないのであります。人は1日に8シーベルトを受けると必ず死にますが、低レベル放射能はホルミシス効果によって健康によいのです。

ホルミシス効果ということを知らない、ホルミシス効果ということは聞いたことがないという人が多いのですが、知らなくても病院でのＰＥＴ検査で10ミリシーベルトを被曝します。そして、健康によいとラドン温泉に入ります。チェルノブイリを調査した物理学者は、元気に生きております。そもそも放射能は怖いとのイメージが定着したのは、1954年のビキニ環礁で被曝した第五福竜丸の無線長が亡くなったことに起因していますが、死亡原因は放射能でなく、売血による肝炎ウイルス感染であったことを放射線医学総合研究所が認めております。

　よって、安全性には十分留意しながら原発は再稼働すべきであると考え、意見書には反対します。

○河井美久議長　以上で討論を終結し、採決をいたします。

　本案について賛成の議員の起立を求めます。

──起立少数

○河井美久議長　起立少数であります。

　よって、議第9号議案は否決されました。

＊　　　＊　　　＊

3．沖縄問題は左翼との戦いだ！！！

　この沖縄問題については、別紙「そうだったのか沖縄！保存版」と「アイヌ新法」を合わせて読んでいただきたいと思います。更に詳しく知りたい方は、仲村覚著『沖縄はいつから日本なのか。学校が教えない日本の中の沖縄史』（ハート出版）と『沖縄の真実』（明成社）や、恵隆之介著『誰も語れなかった沖縄の真実』（ワック株式会社）を読めば、今、沖縄は地政学上大変重要な位置にあり、中国や北朝鮮が狙うのも当然であることが分かります。

　実際、平成19年、中国共産党沖縄属領化工作文書「琉球復国運動綱領」が発行され、「琉球共和国臨時憲法」も準備され「中華民族琉球特別自治区援助委員会」も結成されています。

　このような情勢認識から、私は、単独自費で沖縄の地を本土復帰以来初めて訪問し、実際に名護市辺野古も嘉手納基地も、離着陸訓練としてしか利用していない下地島空港等もこの目で見て、辺野古に座り込みしている方とも少しばかりですが、意見交換してきました。実は昭和47年（1972年）5月15日の沖縄の本土復帰前には、民社党青年隊の一員として訪沖し、現地で本土返還運動を行った来た経験もあります。

　『沖縄先住民族論』『琉球独立論』『尖閣諸島の中国の実効支配・既成事実化』に、沖縄は埼玉から遠い地だからなどと思っていてはダメです。北方領土をロシアに奪われ、竹島を韓国に実効支配され、今度は沖縄……と言うのでは、日本の主権は無きが如しです。そのお先棒を担いでいるのが、日本の反日左翼勢力です。

　春日部市議会でも、そんな議論が行われているのです。

（1）　共産党による沖縄・辺野古基地建設反対の意見書

＊　　　＊　　　＊

平成31年3月14日　共産党が提案

［県民投票の結果を尊重し、沖縄・辺野古基地建設を直ちに中止することを求める意見書］

　沖縄県の米海兵隊普天間基地（宜野湾市）に代わる新基地建設計画をめぐり、名護市辺野古沿岸の埋め立ての賛否を問う県民投票が２月２４日投開票されました。その結果、「反対」が７割強に及び、沖縄県民は改めて「辺野古ノー」の強い意志を表明しました。

　新基地建設について、沖縄県民はこれまでも知事選や国政選挙などのたびに反対の意思を表明してきましたが、新基地建設での埋め立ての是非という争点を一つに絞った県民投票において、「辺野古ノー」の結果が明確に示されたことの意義は極めて大きく、政府はこの結果を重く受け止めるべきです。

　県民投票の結果を受けて、安倍首相は「真摯に受け止める」と言いながら、なおも「普天間基地が固定化され、危険なまま置き去りにされることは絶対に避けなければならない」という口実で新基地建設に固執する姿勢を変えていないことは極めて問題です。

　辺野古基地建設をめぐっては、最近になって沖縄県が公表した防衛省沖縄防衛局の調査報告書から、大浦側の６割に「マヨネーズ並み」の軟弱地盤が存在し、地盤改良のために打ち込む約７．７万本の砂杭（すなぐい）に必要な砂の量が東京ドーム約5.25個分に相当すること、最も深いところで水深30mの海底の下に60mの軟弱地盤の層があることなどが判明しています。

　ところが政府は、この事実を認めたものの、現在も工期や費用について明らかにしていないのが現状です。辺野古基地建設は、沖縄県民の理解を得られないだけでなく、技術的にも政治的にも破綻していると言わざるを得ません。

　よって、政府においては、県民投票で示された沖縄県民の民意を受け止め、辺野古基地建設を直ちに中止するとともに、普天間基地の無条件撤去を求めて米国と交渉するよう強く要望します。

　以上、地方自治法第99条の規定により意見書を提出する。

　平成31年3月14日

　　　　　　春日部市議会

　　　　　衆議院議長　様

　　　　　参議院議長　様

　　　　　内閣総理大臣　様

　　　　　内閣官房長官　様

［県民投票の結果を尊重し、沖縄・辺野古基地建設を直ちに中止する事を求める意見書へ反対討論］

　議席番号 1 番の井上です。安全保障問題が出されましたので、私の出番か‼　との思いで……意見書（案）に反対討論を行います。

　この意見書案は、至る所で認識が間違っています。

　①県民投票結果を、「反対が 7 割」。県民は「辺野古ノーの強い意志を表明した」と書いていますが、反日プロパガンダであり、認識が間違っています。

　投票率は 52.48％と言う低さで、実に、県民の 47.52％が棄権しました。<u>玉城知事の選挙公約の「誰一人、残されない政治」</u>とは成っていません。県議会で、その点を追及されると「数字の捉え方、分析の仕方は、それぞれの判断……」と逃げる始末です。

　だから、棄権票を入れた投票・資格・総数の県民ベースでは「反対票」は３８％のと言う少数です。そのため、普天間のある宜野湾市の松川市長でさえ、読売新聞の取材に対して「政府に移設断念を求めるには説得力が弱い」と言っているのです。

　②次に、この県民投票は「賛成」「反対」「どちらでもない」の３択であり「……ならばどうする。代替え案は何だ」という答えには成っていません。「最低でも県外」と言った且つての民主党のアホナ総理大臣がいましたが、普天間全面返還合意からすでに 20 年が経過しているのに、普天間の危険除去が出来ないと言う、又、同じ過ちを繰り返すことになります。複雑な利害が絡み合う安全保障は住民投票にはなじまないのです。

　③「沖縄に基地が要らない」と言うかもしれませんが、読売新聞が 2 月に行った世論調査では、「沖縄米軍基地が日本の安全保障に役立っているか‥」の問いに対し、「役立っている」は５９％「そうは思わない」は 30％と、倍近くの国民が基地を評価しているのです。

　中国の沖縄奪取作戦である<u>「琉球民族独立運動」</u>、南沙諸島への滑走路建設などの軍事的進出、<u>尖閣諸島近海のガス田侵略</u>、中国国内法である 92 年制定の「領海法」によって勝手に尖閣諸島を「中国の領土」と法的に定めるなど、沖縄の地理的位置から、中国対策はもとより、朝鮮半島有事などに対する軍事的重要性は高まる一方です。だから中国の「一つの中国」論による台湾恫喝に対して、台湾の蔡英文総統は日本対して安全保障の協力を申し出ているのです。

　以上の理由からこの様な厳しい安全保障環境を考えない「意見書」には反対します。

＊　　　　＊　　　　＊

　［資料］　そうだったのか沖縄（次ページ、出典引用：沖縄再生キャンペーン実行委員会）

そうだったのか沖縄！
沖縄の歴史と國體護持

現代語訳

「沖縄復帰キャンペーン実行委員会」
実行委員（あいうえお順）

会長 ●● 全日本●●●市民の会・会長
幹事 ●● 日本●●●●ネットワーク・幹事
事務局長 ●● 日本●●●●●●●の会・幹事

【あてな】●●●●●●・メール agnesryokoste@gmail.com

第一節 沖縄戦と祖国復帰

はじめに

沖縄県民でも知っている人もいれば知らない人もいる沖縄の歴史。学校教育ではまともに教えてくれません。日本政府・外務省をうしろ盾にして「よくわからない」と押し通してきた面もあります。が、無理もありません。「沖縄問題」にかこつけて、左派革新勢力や、中国韓国が、こしらえた歴史を県民に刷り込むなど、沖縄世論や政治をゆがめてきた。

しかし、今や、名護、石垣、沖縄市政奪還が明らかにしたように、若者を中心にネットを通じて多くの情報を集められる若き男児として、新しい流れが、沖縄の生まれ変わろうとしています。

そこで来年一月の沖縄知事選前に、もう一度、基本を見定めて原点から沖縄の歴史を振り返り、國體護持を明らかにしたいと思います。まず、先の沖縄戦です。

全国の志士の命を賭して戦った「沖縄戦」

「沖縄県民斯ク戦ヘリ」──日本軍沖縄方面根拠地隊司令官大田実海軍中将の訣別電報

十・十空襲の沖縄と日本本土

沖縄県祖国復帰運動の原動力

佐藤首相 戦後日本の首相として初めて沖縄訪問

沖縄復帰記念式典

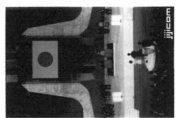
昭和四十七年五月十五日（於：東京、那覇）

昭和天皇のおことば

昭和天皇御製（昭和五二年）
「限りなく 喜ぶ民の 声をきく 沖縄の祖国復帰するを」

「祖国復帰は米国に同情するが主権は日本に戻す」

沖縄と憲法は相いれません

東アジアの軍事情勢の激変のなか沖縄に施政権返還

沖縄二紙は沖縄の民意に反する翁長県知事と

沖縄の民意を無視する翁長県知事

高裁判決で国との訴訟に負けて…

国連人権理事会で沖縄自己決定権

琉球処分とは

沖縄に関する政府答弁

第二部　琉球処分と天皇制

はじめに

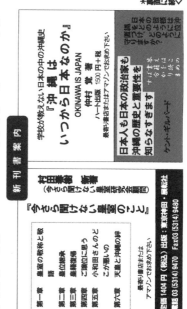

現代沖縄人DNA遺伝系統「本土とほぼ一致」

根拠を失った翁長知事の先住民族自決論

翁長知事や中国は、沖縄県民が「先住民族」で「民族自決権」を持つと主張していますが、最近の遺伝子研究から、沖縄県人は本土と同一民族（縄文人）であって、南方からの中国朝鮮人とは全く異なる民族だとわかってきました。翁長知事の先住民族自決論の根拠がなくなりました。以下は「現代沖縄人DNA遺伝系統本土とほぼ一致」と題した二〇一四年九月十七日の琉球新報の記事です。一読をおすすめしましょう。

『琉球大学大学院医学研究科の佐藤丈寛博士研究員、木村亮介准教授ら北里大学、統計数理研究所の共同研究チームは、現代の琉球列島住民のDNAを解析した結果、遺伝的に琉球列島の人々は台湾原住民や大陸集団とは異なり、日本本土集団に近いという研究成果を発表した。琉球大学が一六日発表した。また、沖縄本島から宮古一八重山諸島への移住は古くても一万年前以降と推定した。

この研究成果はヒトの全ゲノムを網羅的に解析したもので、同様の結果が導かれたのは初めて。

研究チームは、現在の沖縄、宮古、八重山諸島からDNAを抽出し、ヒトゲノム全域に分布する約六〇万個の単一塩基多型（SNP）を解析した。その結果、琉球列島の人々と台湾の先住民族や中国大陸に居住する集団の遺伝的近縁性は認められないという結論づけた。

港川人についても同チームは『琉球列島の人々と遺伝的に分岐したと考えられることから、沖縄諸島の人々の主要な祖先ではない可能性が高いと思われる』と推定している。』

神代・古代・中世からのきずな

伊波普猷氏は沖縄県民と本土の祖先を同一とする琉球同祖論を唱えましたが、上記の遺伝子研究からその説が真実であることが証明されました。神代・古代からの様々なきずなが同祖論を裏付けています。

● 類似した宗教・祭事・神・祖先祭祀
● 天照大御神を祀る神社が多く、伊平屋島には天の岩戸あり
● 源為朝伝説──為朝が沖縄に渡り琉球王はその子孫という
● 南蛮子家伝説──壇ノ浦から平家が沖縄に渡る
● エイサーの起源──袋中上人が伝えた念仏踊り

沖縄方言は大和古語（平安時代の言葉）

沖縄方言が現在でも平安時代の言葉（大和古語）と言われていますが、世界中の「祖先を祭記」する習慣があります。以下は琉球新報の投稿記事です。沖縄方言と大和古語との関連性を語ります。

おもしろいのは、ぱから（はもしの変化）、清（きよし）→すっぱー（清い）、美しい→ちゅらさん、かーぎ（影容）、頭→ちぶる（かぶりの変化）、女房→とぅじ（刀自）、娘→みやらび（女童）、かわいい→かなさん（かなし+ありの変化）、答える→いらへゆん（いらへで・・・）、まとめる→くとめる（事とめて）

また、有名な沖縄のことわざにユイマール（相互扶助）があります。伊波普猷著の『古琉球』には、その語源が『大政朝覲律令人』、『十回復』という、ユイマールとは藤原朝臣と言いたいことがうかがえます。

近世の沖縄と日本のきずな

沖縄と本土間は距離的に遠かったため、平安時代、関係は疎遠になりましたが、本土との関係を深める各地域が当たりになるのは前近代です。その時代とは、一五世紀に尚氏が沖縄に統一琉球王府を創設し、中国に進貢朝貢貿易を試み、明国に冊封されてからです。つまり、琉球王府は中国と本土との中継貿易を行うことができました。

その後、一六〇九年に薩摩藩が琉球に侵攻し、徳川家康承認の下で全国統制一事業となりました。薩摩藩時代最長国いけし、琉球王府が明治維新まで存続したのです。そして薩摩藩は琉球王府の明国との進貢朝貢貿易を継続させました。近一現代にいたるまで続いていきました。

民族自決権を支持する中国

琉球王府が明国など期待して貢献していた事実から、藤氏王府の政権処理や日本の沖縄統治などを「属領」として領有権を主張すると思われますが、しかし沖縄の先住民族の人々は遺伝的に日本民族で、宗教も言語も文化も日本に帰属するのです。中国が民族自決権を重んじるのであれば、中国が最後は侵攻を重んじべきです。

[引用文献]
「もうひとつの沖縄史」中村喬 他
「沖縄から日本の未来が見える」表喜代子

第三論 日中友好と安全保障

はじめに

以上の沖縄の歴史第一一二部から、沖縄と本土の遺伝的にも優勢な文化・政治的にもつながっていると分かります。これを踏まえると、左翼勢力や左派の知事が紙を唱える沖縄帰属未決論の根拠は、民族自決論や中国の唱える沖縄帰属未決論の根拠はこれを踏まえると、沖縄本土を離反させ、米軍を撤退させるのが目的です。米軍撤退を利することになり沖縄県民を守れなくなります。尖閣諸島や沖縄の領有権を狙う中国です。現状は日米安保条約が結ばれ、日米の軍事力というバランスで平和が保たれています。ここでもし、沖縄県米軍が撤退されて「平和」になったら、日中紛争が中国の侵略でいちばん起こりかねないのです。そうなれば中国の南方ナチ海軍事力によっても明白です。そこで私たちは沖縄県人として、今後の日中関係を考えて参ります。

大切な日中友好関係

日本と中国は隣国として長く交流の歴史を持ちます。中国から漢字や仏教など多くの文物を学びました。また、近世は日本は先人が近代化を成し遂げ、中国の近代化も手助けしました。日中両国が協力すれば、世界的に大きな力を発揮できます。日中戦争もありましたが、政治体制が異なる日中は様々な摩擦を抱えながらも、日中友好関係を強化すべきことは当然です。

分岐点に立つ中国

しかし、中国は経済発展と共に軍事費を増大し、海洋進出を進め、日本を含む近隣諸国との間に摩擦を生じています。中国は経済・軍事大国となってから、今後、遺産を重んじ世界平和協調路線を行うのか、覇権主義を取るのか走るのかは分かりません。中国共産党の終身主席制など文化・軍事などの独裁をとっていますが、しかし最近の状況を見ると、民主勢力の伸長も著しいです。

中国でも共産主義はほぼ死語

中国では、共産主義指導理念としていますが実際は政治的には共産党独裁、経済活動は市場主義という体制を採用しています。共産主義という世界で大実験の結果、理想を実現する国は結局、国々の死語死活の組織を矛盾が増大しきました。

名護、石垣市長選の分析と沖縄県知事選の動向

下記の表は、名護市長選挙の年代別の投票動向を示すものです。この表からも、五十、六十代を境に、若年層の多くが革新系候補に投票し、高齢者が保守系候補に投票したことが分かります。

この真意を探ねて見返し、大差で三十五〇〇票以上で勝利した候補は、自民、公明党や維新が推薦した、各党の組織票だけでなく、各世代の下記の表の分析からも、若年層の多くが保守系の候補に投票していることが明らかになりました。

若年層が保守系候補に投票している要因として、辺野古問題など無関心な若年層もいるが、彼ら若年層は、テレビなど通じて多様な情報を入手できる、新聞やテレビ、ラジオというオールドメディア以外に、ネットなどを通じて経済、国防でもその判断をしているのです。

この傾向は石垣市の市長選でも同じく、保守分裂にもかかわらず、保守の山城候補の三七〇〇余りの票が、左翼系革新の宮良候補の九千五〇〇余りに大差をつけ、一万二千票余りの大勝したことからも、同様に前回より公明党などの他党、無党派層や若年層が保守系候補に投票したと言えます。

実はこの傾向は全国でも見られる必然的なものですが、沖縄県の県政を大きく左右すると思われる点が二点あります。沖縄県知事選挙は今年十一月頃に予定されていますが、それには左派系勢力の多い名護市以北の辺野古問題との関連があるでしょう。

沖縄と日本を愛し大切にする

沖縄は東アジアの要石と言われるほど重要ですが、今後、沖縄は国防だけでなく、海洋時代を迎える現代において、世界的にも大変重要な役割を果たすでしょう。そのためには沖縄は新しく生まれ変わる必要があります。基地反対の左翼イデオロギーに代わり、沖縄と日本を愛し大切にするバランスのとれた新しい若年層がその力の原動力となるでしょう。

このような沖縄県人に向けて、私たち自身の正しい判断に役立て頂けるよう後半に整理し、様々な問題で、沖縄と日本の命運を左右する沖縄県知事選や、今後の歴史的問題の様々な点を整理し、日本本土の皆様にもお役立て頂ければ幸いです。

「引用文献」 「賢く生きる道」中西輝政

沖縄の安全保障に無責任な左派勢力と沖縄二紙

こうした状況でも、左派勢力や沖縄二紙はこうした現実を無視した平和を唱え、米軍(特に即応力のある海兵隊)の撤退を無責任にも主張しています。

平和を相手が実現するものであり、勝手に平和を唱え、主義九条を守ることが平和になりません。今の沖縄に相対しているのは(安全保障に無責任な)左派です。しかし左派の二紙は安全保障に無責任であり、米軍基地問題にはアンフェアな立場を貫いており、一切の論を許しません。

翁長知事は二〇一〇年の安保改訂(当時)との会談で、「日米安保体制を堅持していく」(尖閣周辺の中国の活動が)「本当に脅威であり危険である」として「沖縄の安全保障にとっても大事である」と語っています。つまり、中国の脅威から日本を守るという在沖米軍というのは重要であり、国民の生命と財産を守るという政治の最大の使命に、命や財産を預けられません。左派政治家に命や財産を預けられません。

数々の中国の沖縄工作

翁長知事選挙の二日後に、中国国際友好連絡会(実態は軍傘下の工作機関)一行が沖縄を訪れ、中国社会科学院棚氏の「翁長知事の在年中の辺野古移設阻止の流れを作ることが必要」と述べています(本土TVの報道)。

公安調査庁は二〇一七年版「内外情勢の回顧と展望」で、中国が沖縄を「中国に有利な世論(沖縄独立論)を形成し」日本国内に分断を図り戦略的阻止のあると、改めて中国の動向に注意を喚起しています。

その他、中国は、ロシア、韓国とも「反日統一共同戦線」を呼び沖縄を海等させることを企図しており、中国軍事面だけでなく、親中の経済・文化交流、土地買収などソフト面でも沖縄権益工作を強化しており、一般から重要な対応が必要です。

福岡高裁判決の要旨

辺野古移設に翁長知事は「理立ての重大な瑕疵がある」として取り消しますが、裁判で瑕疵の証明をする義務を提出しますが、裁判で現実の証明を支持し、大きな国防上の国益の所で翁長知事の承認取り消しの違法性が認められ、翁長知事は敗訴しました。

沖縄の地理的優位性、海兵隊の一体的運用、普天間の危険性からも辺野古移設が妥当であり辺野古埋立ての承認取り消しは違法とされました。辺野古移設を止める理由はなく、司法判断が出ているにも明確な判断が出ているにもかかわらず、左派勢力と共に反対しています。

大胆に進む基地再編

翁長知事は日本政府は沖縄に米軍基地を押しつけていると言いますが、実は基地再編を大胆に進め、米軍基地の整理縮小化は着実に進んでいるのです。メディアは小さな報道などで大規模米軍訓練施設などが返還され二〇一六年には北部訓練場約四〇〇〇ヘクタールが返還されるなど沖縄の整理縮小化は大胆に進んでおり米軍基地の整理縮小化は着実に行われています。

左派勢力と沖縄二紙（再）

この真意を……（本文続く）

基地は沖縄のために必要

中国は今、岐路に立っていますが、中国国内の矛盾から良き目を持たず、力をつけ、軍事力を高め危険な暴走の可能性が大きく、中国に近い海洋進出のある沖縄、台湾、尖閣は安全保障の的利益を築く、尖閣、沖縄、東シナ海への領有権を主張してくる中国に対し、日本は隣国として日中友好を並びつつ、米国との協力を基盤に安全保障を整え、中国の野望を阻止する備えをしておくことが当然必要です。

中国の「尖閣・沖縄への野望」を阻止する自衛隊と軍事力が不可欠、自衛隊が米軍基地も、東アジアや日本本土だけでなく、沖縄自身の平和と命、財産を守るため、沖縄に必要不可欠であるのです。

深刻な尖閣の状態

ご承知のように尖閣諸島へ中国の侵入を阻止する海上保安庁や自衛隊が日夜、命がけで警備しています。尖閣諸島へ、北朝鮮の工作船と並び大規模軍事衝突の危険がある場所で、添付写真のように、尖閣付近に多く急接近する中国海洋艦艇が見られ所在します。

米ソ冷戦時代、十一月二〇日「尖閣諸島の接点が的かつ短期的な大暴走の危険が高い」と指摘しています。共産政権の前途についての不安から中国の政権の危険が再々と認、核・ミサイルを含む日米対中の軍事バランスが保たれている状況です。

沖縄・国を守る気概と憲法改正

前出のように安保研究者が新たに「ミサイル攻撃を現代戦の先制攻撃能力」の言及につき日本防衛に引きずられ「米国は甚大な被害を被り日中間戦に引きずられ「参」という検証結果を発表しています。

つまり、自衛隊の現行憲法下では「専守防衛」により、法的に十分な先制を守れません。第一撃を被り報復の備えも「専守防衛」では沖縄・中国に対しても沖縄・日本の独立と平和を守る気概を持ち、憲法改正し法整備を行い、自主防衛体制と日米安保体制に基づく十分な抑止力を持つ必要があります。

＊「沖縄専守キャンペーン」支援ご協力のお願い

当会は沖縄県民主導による、沖縄県の復帰キャンペーンを……財金は県外、本土から頂いたカンパ、チケット収入で運営・支援するもので、左記のご協力を皆さんにお願い申し上げます。

１：ネット口座からのご送金：振込先「沖縄・自由を守る会」
口座番号：オキナワ〇〇〇〇〇〇　ゆうちょ銀行 10380 当座
77177321　他の金融機関からの振込：店番号 038 当座 7717732
２：お振込ランティア（未使用館印、観葉）「沖縄館（○キャ）」

事務局（平日）070-5484-4617　(土・日)080-5682-7253

4．憲法改正は、如何に国民投票で勝てるかだ‼

(1) 緊急に実現すべき憲法改正

憲法改正は我が国にとって緊急に実現すべき大切な課題です。今回の「武漢ウイルス騒動」で必要性が身に染みた「緊急事態条項」も大切ですが、改正項目は一杯あります。例えば──

①憲法前文は英文からの翻訳で、コピペです。米国合衆国憲法、リンカーン・ゲティスバーグ演説、テヘラン宣言、大西洋憲章、米国独立宣言からの影響があります。また「平和を愛する諸国民の構成と信義に信頼して、われらの生存と安全を確保しようと決意した」などと非現実的です。

②天皇陛下を象徴としていますが、元首であるのかどうか……。「国事行為」だけでなく「公的行為」をも可能なように明文化すべきるです。

③国家主権たる日本国領土の条項がない。そのため、長崎県対馬、北海道ニセコや長野県白馬などで外国資本・外国人の土地の買い占めが激しくなっています。

④「個人を超える国家的利益など無い」とする「宮沢俊儀憲法理論」から「国益」「国民的利益」が有る事を明確化すべきです。

⑤夫婦別姓制度は、ＧＨＱ第２次草案、マッカーサー草案でも「家族条項」として在ったのに、当然の事として規定しなかったために出てきた論であり、しかも、夫婦同姓を定めた民法は 2015 年（平成 27 年）12 月の最高裁で合憲の判断が出ているので、憲法で「夫婦は同性」を明確化すべきです。

⑥外国人への地方参政権付与も、「憲法 93 条 2 項で言う住民とは、日本国民たる住民」と最高裁が平成 7 年 2 月 28 日に判決しているのに出て来る議論であり明確化が必要です。

⑦その他、環境権、プライバシー権、知る権利、財政均衡条項、衆参両院の必要性などです。

新旧憲法の比較表

	日本国憲法	大日本帝国憲法（明治憲法）
主権	日本国民にある（前文①・第 1 条）	万世一系の天皇にある（第 1 章）
天皇	日本国の象徴、日本国民の総意に基づく（第 1 条） 国事行為だけで国政に関する権能はない（第 3 条・第 4 条）	君主であり元首（第 4 条） 統治権の総攬者（大権中心主義）
皇室	皇室典範は法律と同様の取扱い（2 条参照）	議会の関与を許さない（皇室自律主義） 皇室典範は憲法と同じ形式的効力をもつ（第 2 条・第 74 条①）
軍事	侵略戦争の放棄（第 9 条）	天皇の統帥大権に属する（第 11 条） 兵役義務（第 20 条）
基本的人権	憲法以前の天賦人権、生存権的基本権の保障（第 3 章） （男女平等等……）	憲法により与えられた臣民の権利（人権は法律の範囲内での保障（第 2 章）で、緊急勅令等による制限がある）
立法（国会・議会）	国会が唯一の立法機関（第 41 条・第 59 条①・第 7 条） 国権の最高機関（第 41 条） 国政調査権が認められた（第 62 条）	議会は立法の協賛機関（5 条） 緊急勅令・独立命令が認められた（8 条・9 条）
内閣	行政権を担当する最高機関で、国会に対して責任を負う（第 65 条・第 66 条） 内閣総理大臣は国会により指名され、内閣の首長（第 67 条）	天皇の輔弼（ホヒツ）機関、天皇に対して責任を負う 内閣総理大臣は、天皇により任命されるが、他の大臣と同格にすぎない
司法	司法権はすべて司法裁判所に属する（第 76 条①②） 違憲法令審査権をもつ（第 81 条）	裁判所が天皇の名において行なう（第 57 条①）特別裁判所・行政裁判所の設置（第 60 条・第 61 条） 法律審査権はない
財政	国会中心の財政（第 7 章）	政府の権限は強大（第 71 条・第 66 条・第 67 条〜第 70 条）議会の監督は著しく制限（第 6 章）（財政の緊急処分）
地方自治	地方自治制度を憲法上に保障（第 8 章） 地方公共団体の長は公選（第 93 条）	憲法上に保障規定はない 中央集権的官僚行政の一環
憲法改正	国会の発議と国民投票（第 96 条）	勅令で帝国議会の議に付す（第 73 条）
最高法規制	憲法の最高法規制の明文化（第 10 章）	政務法（一般国法）、宮務法（皇室法）の二元大系の存在

出典：竹本孫一『われらの憲法』より（一部表記修正）

　その中でも自民党は 4 項目改正（自衛隊の明記，緊急事態条項、選挙での合区解消、教育無償化）を提案し、さらに公明党の協力（？）を期待して安倍総理は憲法 9 条はいじらずに「自衛隊の明記」だけに絞り世論に訴えているのですが、どうなるのでしょか。

　どの本を読んだらよいのか迷っている方には「正論スペシャル 日本国憲法 100 の論

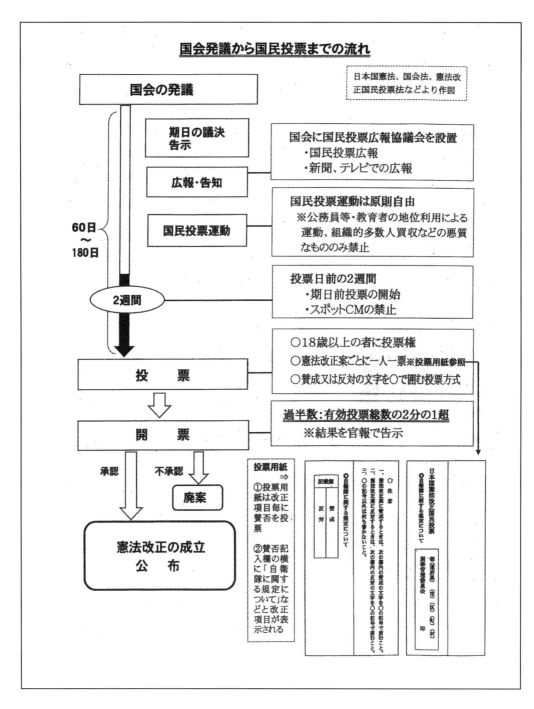

点」（産経新聞社、平成28年4月18日初版）が簡単で分かりやすいと思いますので
お勧めです。

　しかし優先度で考えると、何んといっても9条改正でしょう。初めから「本土決戦」
となる専守防衛の現憲法では、国は守れません。自衛権は「国家固有の権利」だとか、「芦
田修正論」で自衛権を正当化するのも説明が必要ですので、ハッキリと自衛権を書き込

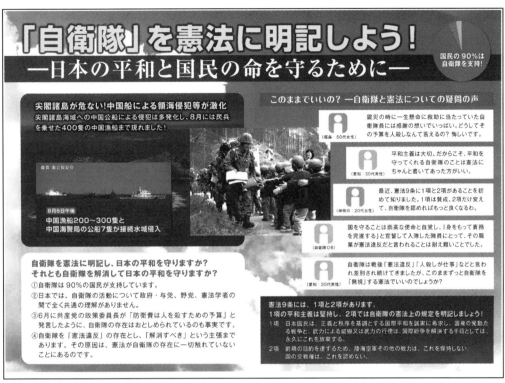

「自衛隊」を憲法に明記しよう！
─日本の平和と国民の命を守るために─

国民の90％は
自衛隊を支持！

尖閣諸島が危ない！中国船による領海侵犯等が激化
尖閣諸島海域への中国公船による侵犯は多発化し、8月には民兵を乗せた400隻の中国漁船まで現れました！

提供 海上保安庁

8月6日午後
中国漁船200〜300隻と
中国海警局の公船7隻が接続水域侵入

自衛隊を憲法に明記し、日本の平和を守りますか？
それとも自衛隊を解消して日本の平和を守りますか？
①自衛隊は90％の国民が支持しています。
②日本では、自衛隊の活動について政府・与党、野党、憲法学者の間で全く共通の理解がありません。
③6月に共産党の政策委員長が「防衛費は人を殺すための予算」と発言したように、自衛隊の存在はおとしめられているのも事実です。
④自衛隊を「憲法違反」の存在とし、「解消すべき」という主張まであります。その原因は、憲法が自衛隊の存在に一切触れていないことにあるのです。

このままでいいの？ ─自衛隊と憲法についての疑問の声

震災の時に一生懸命に救助に当たっていた自衛隊員には感謝の想いでいっぱい。どうしてその予算を人殺しなんて言えるの？ 悔しいです。（福島　50代女性）

平和主義は大切。だからこそ、平和を守ってくれる自衛隊のことは憲法にちゃんと書いてあった方がいい。（愛知　30代男性）

最近、憲法9条に1項と2項があることを初めて知りました。1項は賛成。2項だけ変えて、自衛隊を認めればもっと良くなるわ。（神奈川　20代女性）

国を守ることは崇高な使命と自覚し、「身をもって責務を完遂する」と宣誓して入隊した隊員にとって、その職業が憲法違反だと言われることは耐え難いことでした。（自衛隊OB）

自衛隊は戦後「憲法違反」「人殺しが仕事」などと言われ差別され続けてきましたが、このままずっと自衛隊を「無視」する憲法でいいのでしょうか？（愛知　30代男性）

憲法9条には、1項と2項があります。
1項の平和主義は堅持し、2項では自衛隊の憲法上の規定を明記しましょう！
1項　日本国民は、正義と秩序を基調とする国際平和を誠実に希求し、国権の発動たる戦争と、武力による威嚇又は武力の行使は、国際紛争を解決する手段としては、永久にこれを放棄する。
2項　前項の目的を達するため、陸海空軍その他の戦力は、これを保持しない。国の交戦権は、これを認めない。

憲法改正を国民に呼びかけるチラシとインターネット「改憲チャンネル」の案内

み「自衛隊を軍隊とする」事が必要だと思います。

　2008年10月に、田母神空幕長がＡＰＡ論文に応募したら解雇とか、第10代統合幕僚長栗栖弘臣氏が1978年に週刊誌で有事法制の必要性を発言したら「超法規発言」だと解任されるというのは異常ではないでしょうか。私が支持していた民社党は、栗栖統幕議長が解任されたことに憤慨し、東京都知事選挙に民社党公認で擁立したことがあるほど、安全保障には責任を感じていました。そこで、下記の市議会での憲法改正に関する討論の一部を読んでみて下さい。ポイントは、次の通りです。

「改憲チャンネル」開設へ
1000万賛同者に動画情報を発信！

三輪和雄氏（日本世論の会会長）をお招きした「憲法改正をめざす春日部市民集会」。

●国会で改正案を各議院の総議員の三分の二（出席議員の過半数では無いので欠席議員が出ると困難……）の賛成で、発議し、

●国民投票で過半数の賛成が必要です。国民投票で過半数を取れずに負けてしまっては元の黙阿弥です。

(2) 憲法9条を守ろうとする請願意見書への反対

次は、平成30年3月議会に提出された請願を3月16日に討論した内容です。

◎憲法第9条の改定を行わないよう国に求める請願

紹介議員　松本浩一、卯月武彦、並木敏恵、坂巻勝則、今尾安徳　大野とし子
請願第1号
憲法第九条の改定を行わないよう、意見書を国に提出することを求めるについての請願
件名
憲法第九条の改定を行わないよう、意見書を国に提出することを求めるについての請願

　要旨

　日本国憲法第九条の平和主義を守り、自衛隊の加憲・改定などを行わず、現憲法を守ってください

　理由

　日本国憲法は、悲惨な戦争によって多くの日本人犠牲者、又アジア全域を戦禍に巻き込み尊い命を犠牲にした痛苦の反省から「政府の行為によって再び戦争の惨禍が起こることのないようにすることを決意し、ここに主権が国民に存することを宣言し、この憲法を確定する」としています。

　新日本婦人の会は創立以来55年間「核戦争の危機から女性と子どもの生命を守り、憲法改悪に反対、軍国主義復活を阻止します」をかかげ運動を続けてきました。

　安倍首相は、憲法第九条の改定をめざす意向を示し、これによって与党は検討を重ね、次期国会での発議を目ざしていると報道されています。しかし、各種の世論調査でも国民の多数は憲法第九条の改定に反対・急ぐ必要はない、としています。

　北朝鮮問題などについては、武力の行使ではなく、徹底した対話に向かう外交努力こそが求められています。日本国憲法第九条の平和主義はそのための力であり、国際的な平和へのメッセージでもあります。自衛隊を書き加えるなど、憲法第九条の改定は、事態を悪化させる要因にもなりかねません。

　憲法第九条の改定を行わないよう、意見書の提出をお願いいたします。

　地方自治法第124条の規定により、上記のとおり請願書を提出します。

　　2018年2月13日

　　　春日部市議会議長　滝澤英明様

　　　　　　　　　　　＊　　　　＊　　　　＊

○6番（大野とし子議員）　議席番号6番、大野とし子です。請願第1号 憲法第九条の改定を行わないよう、意見書を国に提出することを求めるについての請願について、日本共産党市議団を代表して、賛成の立場で討論を行います。

　この請願は、日本国憲法9条に、自衛隊の任務などを加えることなく、現憲法を守ることを国に求めるものです。昨年5月、安倍首相は、2020年までに憲法を改正していきたい、憲法9条の1項、2項を残し、3項に自衛隊の役割を明記したいと発言しました。戦争を放棄した1項、戦力を持たないと宣言した2項があるのだから、平和は守れますよと言っていますが、これは違います。弁護士の伊藤真氏は、法律の決まりとして後から追加したものが優先するということがあり、1項、2項を残しても3項が優先し

ますと述べています。自衛隊の役割が明記されたら、1項、2項の歯どめがきかなくなり、戦争できる国へと突き進みます。湾岸戦争など幾度にも及ぶアメリカの自衛隊派遣要請にも、憲法9条が大きな歯どめとなり、戦闘地への派遣はできませんでした。戦後、憲法9条が戦争の名で一人も殺し、殺されることのない日本を守ってきました。世界に誇るべきことであり、未来永劫守っていくべきです。戦争を放棄し、武力を持たないと宣言した憲法9条こそ、世界の宝です。この精神を世界に発信することこそが日本政府の行うべきことです。

　よって、憲法9条の改定を行わないよう、意見書を国に提出することを求めるこの請願に賛成します。

○**滝澤英明議長**　次に、9番、井上英治議員。

──9番井上英治議員登壇

○**9番（井上英治議員）**　議席番号9番、井上であります。請願第1号　<u>憲法第九条の改定を行わないよう、意見書を国に提出することを求める</u>についての請願への反対討論を行います。

　3点指摘します。第1に、憲法9条は、学者や政党によって解釈がばらばらで、防衛問題を議論する際の障害となっています。国会において憲法改正の議席を得られた今こそ、誰が読んでもぶれない、世界の安全保障の常識に沿った内容に改定するべきであります。つまり、自衛隊を警察的位置づけではなく、はっきり軍隊と位置づけて、軍隊として行動できるように9条を改正するべきなのであります。幾ら日本が戦争を回避し平和を望んだとしても、相手がいる話です。憲法が1947年5月施行され、9条が存在した1950年6月に朝鮮戦争が行われております。サンフランシスコ条約で日本領土と認められた竹島は、9条が存在した1952年1月、韓国に奪われています。そして今、中国は尖閣諸島を奪おうとしています。9条があるからやりたい放題なのです。諸国民の公正と信義では国家は守れません。

　第2に、現憲法は、大東亜戦争の反省からつくられたものではありません。GHQの検閲のもとに、マッカーサーノートを押しつけられてできたものであることは今は常識であります。憲法作成にかかわったGHQ民政局のケーディス大佐も証言していますし、1953年来日した当時のニクソン大統領も、アメリカ合衆国が1946年に起こした過ちを認めますとさえ述べています。だから、現憲法には英文翻訳の過ちがたくさんあります。まず、前文では、平和を愛する諸国民の公正と信義に信頼しては、公正と信義を信頼してが日本語であります。7条4項では、参議院には総選挙はないのに、国会議員の

総選挙の施行を行使するとの過ちがあります。紹介議員の所属する日本共産党は、9条に反対してきたのに、最近は9条を守れです。1946年6月28日に、野坂参三が日本共産党を代表して、自衛戦争を認める側と吉田総理と論争を行う一方、日本共産党は翌1946年6月29日に、人民共和国憲法草案を発行しています。2004年から公式的には全条項を守ると方向転換しましたが、これは9条を守れば民主連合政府充実までの方便で、米軍を日本から撤退させる作戦だと言ったほうが正直ではないかと思います。

　3つ目に、対話、外交努力は否定しませんが、拉致問題を初め北朝鮮に何度だまされたら気が済むのか、今度は幾らお金を払うのかといったところが国民の本音でしょう。北朝鮮が核ミサイルを持った段階になっても無条件で対話、外交努力と言っているのは、利敵行為と思われかねません。拉致問題も同じで、対話だけでは問題解決にはならないのであります。

　以上、「平和を欲するなら戦いに備えよ」という古代ローマの格言を述べて、反対討論といたします。

＊　　　　＊　　　　＊

◎「憲法改正の国民合意・慎重審議を意見書上申する請願」への反対討論

［反対討論］議席番号1番、井上です（平成30年12月議会）

　「憲法改正にあたっての国民合意・慎重審議を国会に対して意見書上申することを求める請願」への反対討論を行います。

　この種の請願は、先の平成30年3月議会で3月16日に否決された「第9条の改訂を行わないよう、意見書を国に提出することを求めるについての請願」同様に「現実を見ない」いや見ようとしない」暴論です。請願の過ちを4点指摘します。

①第一に「国民合意」と言う点ですが、「国民合意」など出来る訳が無いのに分かっていて、それを求めるのは憲法改正阻止の口実と理解するのが妥当でしょう。例えば「9条の会」は「改憲の企てを阻むため・・ゆるぎない改憲反対の多数派を形成しょう」と、はなから国民合意でなく「反対運動」を目指している訳で、憲法改正派との合意など出来ない相談です。

　又、週刊金曜日という雑誌が在りますが、その今年12月7日発売号では日本共産党の小池書記局長が憲法問題についてインタビューを受け、小池氏は「憲法審査

会、土俵入り口で食い止める」と答えています。何のことはない、憲法を議論する場である憲法審査会での議論阻止を宣言しているのです。

国民合意を求める、この請願を春日部の日本共産党議員団6名全員が、紹介議員に名を連ねていますが、その日本共産党本部の大幹部は、議論阻止を宣言しているのです。

その間に、日本を取り巻く安全保障環境は益々悪化しています。日本の安全保障の危機が分からないのか……？と言いたくなります。現憲法が1947年5月施行され、9条が存在した1950年に朝鮮戦争は北朝鮮と中国の侵略で始まり、S条約で日本領土と認められた竹島は、9条が存在した1952年1月、韓国に奪われて、今では韓国国会議員による竹島上陸も行われています。更に言えば中国は尖閣諸島を奪おうと、宮沢内閣時代である1992年2月制定の、中国の国内法である「領海法」で一方的に尖閣諸島は中国領であると定め、これを日本に強制的に認めさせようと度々、接続水域に侵入して来ています。そして、ロシアによる北方領土の固定化など「9条があるから日本は何も出来ない」とやりたい放題なのです。「諸国民の公正と信義」では国家は守れません。

②2点目。「慎重審議」と言う点では、何時まで議論していれば気が済むのか……と言いたくなります。自民党は1955年の結党から自主憲法を主張し、1972年の「憲法改正の必要と問題点」以来、1972年の「憲法改正大綱草案」、1982年の「憲法総括中間報告」、2005年の「新憲法草案」、2012年の「日本国憲法改正草案」を発表していますが、それから　数十年が経っているにも拘わらず、未だに憲法改正は実現出来ていません。

● 民間においても、21世紀の日本と憲法有識者懇談会「（通称）民間憲法臨調」は、2007年5月に「新憲法に向けて」を発表。読売新聞は1994年11月に『読売の憲法改正試案』を発表。産経新聞も「国民の憲法」として2013年4月に草案を発表。

● 国会では、2000年1月に、衆参両院の憲法調査会が5年にわたる膨大な報告書を提出。それを受けて2007年には、憲法改正国民投票法が成立しましたが、しかし、今国会に見られるように憲法改正の発議権を持つ「憲法審査会」の実質的審議は野党の職場放棄で全く進みませんでした。自民党改憲案4項目、つまり9条へ自衛隊明記、参議院選挙区合区解消、緊急事態条項、教育の充実さえ提出されませんでした。

● 従って、この市民の会の請願書は国会でなく「憲法審査会」の審議に応じない立憲

民主などの野党に提出すべきではないですか……。

- 以上の事から、国会は「慎重審議」でなく、衆議院100人参議院50人以上によって、速やかに国会法68条2により憲法改正案を上程し、国会法102条6に基づき「憲法審査会」は審査の責務を果たし、国民の判断を問うべく、国会発議を行うべきです。

③ 3点目、請願の文書の中に「日本国憲法は……再び戦争の惨禍が起きる事の無いよう平和への願いを込めて生み出されました」と在りますが、こんな嘘を書いて恥ずかしくないですか……。

- 先の平成30年3月議会での反対討論でも指摘しましたが、現憲法は昭和21年2月のGHQのマッカーサー・ノートによる指示で民生局次長ケイデイス大佐が、たった1週間で英語によって日本に要求したからこそ書かれたことはGHQ民生局のケーデイス大佐自身が証言しているので、今や明らかです。

　そのため、明治憲法との整合性が無くなり、この事実を隠蔽すべく新理論を主張したのが、東大法学部教授の宮沢俊儀（としよし）氏であり、その後継者である芦部信喜（のぶよし）氏による8月革命説です。残念ながらこれが憲法学会の主流を形成し、憲法第9条は、学者や政治政党によって解釈がバラバラで安保問題を議論する際の障害となっているのです。

- 国会において憲法改正議席3分の2を得られた今こそ、誰が読んでもブレナイ、世界の安全保障の常識に沿った内容に改定すべきであります。つまり、自衛隊を警察的位置付けでなく、ハッキリ軍隊と位置付け、軍隊として行動出来るように9条を改正すべきなのです。

④ 4点目に、何処の調査会社の物だか明記せず、世論では「改憲理由は……半数以下」「9条では3割以下」と言っていますが、ＮＨＫの2018年4月調査では、改憲派が29％、不必要派が27％と改憲派の方が優勢であり、9条への自衛隊明記では、賛成31％、反対23％と賛成派がリードしていることも、請願反対の理由となります。

最後に格言を再度言います「平和を欲するならば、戦いに備えよ」と言う古代ローマの格言を述べ、反対討論と致します。

＊　　　＊　　　＊

5．日本共産党の「平和運動」にご注意 !!

◇ 平和運動を破壊してきた共産党の実態（議事録）

　平和運動についても共産党の言い分を文字ずらだけで受け取っては判断を誤ってしまいます。そもそも共産党の平和運動は「日本を守ろうとする安全保障論無き平和運動」であり、「社会主義国は平和勢力、資本主義国は戦争勢力」であるという立場ですから、先ずは日本から米軍を追い出す。そして自衛隊は解消させる、と言う平和運動になります。1968年1月の「日本共産党の安全保障政策」には「日米安保条約を破棄したからといって……ソ連や中国など社会主義の国家が日本に侵略をしかけてくるような心配はまったくない……アメリカを先頭とする帝国主義陣営から侵略を受ける危険は、依然としてのこっている」と明言し、994年第20回党大会決議では「わが国が独立・中立の道をすすみだしたさいの日本の安全保障は、中立日本の主権の侵害を許さない政府の確固とした姿勢と、それをささえる国民的団結を基礎に急迫不正の主権侵害にたいしては、警察力や自主的自警組織など憲法9条と矛盾しない自衛措置をとることが基本である」（産経新聞政治部著「日本共産党研究」産経新聞出版）と空想的なことを言っているのです。

　だから、不破哲三元共産党委員長は2017年11月17日の朝日新聞で「資本主義に代わる新しい社会主義を目指す革命がロシアで勝利した」とべた褒めしました。又2016年参議院選挙でのNHKテレビ討論会で、藤野保史政策委員長は「防衛予算は人殺し予算だ」と発言し解任されます。だが今田真人共産党佐賀県委員長は「発言に問題は全くない」と支持表明。上尾市共産党平田通子市議は、議会で自衛隊高等工科学校を「人を殺す練習をしている学校」と発言、謝罪している訳ですから、我々の考える平和運動とは似ても似つかないものなのです。

　言葉だけでの判断は禁物です。

　そこで平成25年3月春日部市議会に共産党から提出された「北朝鮮による核実験強行に断固抗議し、核・ミサイル計画の即時中止と朝鮮半島の非核化へ誠実な努力を求める決議」については、その良い事例として、ここで取り上げてみます。まず、共産党が今までやって来た、平和運動破壊に反省もなく、世論受けする言葉を並べるだけでは、

労働運動の世界で青春を過ごしてきた私等をだますことはできません。

＊　　　＊　　　＊

平成 25 年 3 月議会

○**山崎進議長**　日程第 7、議第 9 号議案　北朝鮮による核実験強行に断固抗議し、核・ミサイル計画の即時中止と朝鮮半島の非核化へ誠実な努力を求める決議についてを議題とし、提案理由の説明を求め、質疑、討論、採決をいたします。

　本案について提案理由の説明を求めます。

　6 番、卯月武彦議員。

——6 番卯月武彦議員登壇

○**6 番（卯月武彦議員）**　6 番、卯月武彦です。議第 9 号議案　北朝鮮による核実験強行に断固抗議し、核・ミサイル計画の即時中止と朝鮮半島の非核化へ誠実な努力を求める決議について、提案議員を代表しまして提案説明を行います。

　北朝鮮は、ことし 2 月 12 日に 2006 年と 2009 年に続いて 3 度目の地下核実験を強行しました。これは、北東アジアの平和と安全を脅かし、核兵器廃絶に向けた国際社会の流れに真っ向から反するもので、いかなる口実によっても正当化できるるものではありません。国連安全保障理事会は、北朝鮮に対し、いかなる核実験または弾道ミサイル技術を使用した発射も実施しないこと、さらなる発射または核実験の場合は重要な行動をとることを決議しています。北朝鮮は、国際社会の一員としてこの決議を受け入れ、一切の核とミサイル計画を即時に中止し、朝鮮半島の非核化に誠実な努力することを求めるものです。また、速やかに拉致事件の全面解決を図ることを強く求めます。あわせて国において、国際社会と緊密に連携し、国連決議に基づく制裁の強化を求め、決議するものです。

　議員の皆様のご賛同をお願いしまして、提案説明といたします。

○**山崎進議長**　本案に対する質疑を求めます。

——「なし」と言う人あり

○**山崎進議長**　質疑がありませんので、議第 9 号議案に対する質疑を終結いたします。

　お諮りいたします。本案については委員会付託を省略したいと思います。これにご異議ありませんか。

　　　　　　　　　　　　　　　　　　　　──「異議なし」と言う人あり

○山崎進議長　ご異議なしと認めます。

　よって、委員会付託を省略することに決しました。

　続いて、討論を求めます。

　19番、井上英治議員。

　　　　　　　　　　　　　　　　　　　　──19番井上英治議員登壇

○19番（井上英治議員）　議席番号19番の井上であります。北朝鮮による核実験強行に断固抗議し、核・ミサイル計画の即時中止と朝鮮半島の非核化へ誠実な努力を求める決議について、反対の立場で討論を行います。

　まず、この決議案には日本への脅威、核攻撃や生物化学兵器への不安とその対策の文言がありません。原案が一昨日修正され、拉致問題の解決と国連決議に基づく制裁強化の文言が入りましたが、いまだに不十分であります。マスコミ報道によれば、日本全域を射程に入れる射程1,300キロの中距離弾道ミサイルなど、韓国を狙う短距離弾スカッドへの核弾道搭載に大きく近づいたと報道されております。そして、ノドンは150発から200発、スカッドは640発が配備され、約80台の発射台つき車両で移動可能なため、発射の兆候を察知するのは困難とも言われております。

　しかも、最近北朝鮮は、韓国との相互不可侵合意を全面的に破棄すると宣言し、今にでも戦争を開始するぞと言わぬばかりの勢いであります。安全保障はその国が日本を攻撃する能力と意思で決まります。北朝鮮は既に日本を攻撃できる能力を持っているわけであります。

　このような情勢の中、日本にとっての深刻な核の脅威や生物化学兵器への不安、そしてその対処方法こそ提案するべきではないかと思いますが、なぜその文言がないのか。それは、それに触れれば日本ミサイル防衛体制の強化と日米安保条約の強化が必要になるからであります。原案を作成された日米安保条約反対の共産党さんの到底受け入れることができないことだからだと推測できます。

　しかし、今、真に必要なことはアメリカの所有するミサイル探知能力であり、それらの情報によるミサイル迎撃能力の向上ではないでしょうか。その大切な部分の脱落した決議案は、まことに不十分と考えます。

　次に、この決議案のいう核兵器全面禁止という文言は、どのような意味で使われているのでしょうか。核兵器のない平和な世界の実現は、全世界の望みであり、被爆国の日本においては原水爆禁止運動、平和運動が展開されてきた歴史があります。ところが、

　原水爆禁止運動はまた分裂の歴史でもありました。ご承知のように、1954年の静岡県焼津の漁船第5福竜丸が核実験による被爆を受けたことをきっかけに、1955年9月、原水爆禁止日本協議会、原水協が発足しました。ところが、1961年のソ連の核実験や1964年の中華人民共和国の核実験をめぐって意見が対立し、1961年には立教大学学長の松下正寿さんを議長に核禁会議が分裂し、発足しました。1965年には原水禁がやはり分裂し、発足しました。その原因を最初に分裂した核禁会議のホームページは、資本主義陣営の原子爆弾は戦争のための汚い兵器で、社会主義陣営の原子爆弾は平和のためのきれいな兵器ですという共産党系の主張と、いかなる利用による核兵器も許さないという共産党系以外の意見対立から運動の分裂を招いたと指摘しています。そして、現在もなおその運動組織統一は行われておりません。

　当時、共産党の参議院議員であった岩間正男さんは、1964年10月30日の参議院予算委員会で次のように発言しています。「社会主義中国が核保有国になったことは、世界平和のために大きな力となっている。元来、社会主義国の核保有は帝国主義国のそれとは根本的にその性格を異にし、常に戦争に対する平和な力として大きく作用しているのであります」、だとすれば、この決議は原案を作成したのは共産党さんですから、核兵器全面禁止という言葉は、一般国民の理解を超えた社会主義国イコール平和勢力論で書かれていると理解いたします。

　そして、北朝鮮の核だけ反対で、中国やロシアの核兵器はオーケーということに理解がなりますので、あらゆる国の核兵器に反対だとの立場からは賛成できません。決議提案は、国民向けのパフォーマンスとさえ受け取れるのであります。

　そして、次に、尖閣問題意見書でも松本議員は、植民地支配などの歴史認識を取り上げましたから、今度は共産党自身の歴史認識を振り返ってみます。北朝鮮が核実験を行う理由として、アメリカに敵視政策をやめることだと入っていますが、北朝鮮とアメリカが対立している根本原因は、1950年6月に勃発した朝鮮戦争であります。この朝鮮戦争に対して、原案を作成した共産党さんの歴史から考えると、今回、北朝鮮による核実験に強行に断固抗議するという態度には理解が及びません。一体朝鮮戦争は、北朝鮮が侵略してきたのか、アメリカを中心とする国連軍が侵略したのか。日本共産党は今まで、「日本共産党の45年」という本の中でこう言っていました。「アメリカ帝国主義は、6月25日我が国を前線基地として朝鮮への侵略戦争を始めました。我が党の党員は、事実上の党の分裂という困難な状態にもかかわらず、敵のあらゆる弾圧に抗して、我が国を基地とする朝鮮侵略戦争に反対し、ポツダム宣言に基づく全面講和、民主主義と人民の生活向上にために、人民の先頭に立って不屈に戦いました」と書いています。ま

た、日本共産党の60年の年表でも、6・28、朝鮮人民軍ソウルを開放と言っていました。この認識は、コミンフォルムからの命令で日本全土で朝鮮戦争の後方補給基地における武力拡大のために約2,000人とも言われる中核自衛隊、山村工作隊などの武装闘争方針を1951年10月の第5回全国協議会、いわゆる5全協で決定し、スターリン綱領と言われる51年綱領を決定し、1952年5月や7月に火炎瓶闘争計画を持参し、警察署襲撃を行ったからであります。火炎瓶闘争については、朝日ジャーナル1976年1月30日号で、中核自衛隊の隊員の対談が載せられています。これを指導部が分裂していて統一中央委員会の方針ではなかった。あるいは党が分裂と困難に投じ込まれた事態で、一部の者が極左暴言主義をやったのだと弁明しますが、日本共産党の副委員長をしていた袴田里見さんは、「昨日の同志宮本顕治へ」で「武装闘争方針が朝鮮戦争の前線基地とした日本を、後方から攪乱させようというソ連の戦略構想から出ていることは明らかだった」と書いていますし、1962年の警察庁警備局の「回想戦後主要左翼事件」でも、あるいは産経新聞出版社から発行されております兵本達吉さんの「日本共産党戦後史」でも指摘されているところです。ですから、スターリンが1953年3月5日に死去すると、朝鮮戦争も同じ年、1953年7月27日休戦協定が成立し、日本共産党の闘争もぴたりと終わります。ところが、日本共産党の70年史では、次のように書き改めております。「1950年6月25日、38度線で大規模な軍事衝突が起き、全面的な内戦が始まった。この内戦は、実際にはスターリンの承認のもとに北朝鮮の計画的な軍事行動に始められたものであった」と、あたかも北朝鮮の侵略とも認める表現に変更されています。

　朝鮮戦争、朝鮮動乱がアメリカ帝国主義の侵略戦争なのか、北朝鮮の侵略なのか、ちゃんとした総括、反省もなく、時代によってころころ党の政策が変わる政党から出された決議案に対して、どう賛成、反対を考えたらよいのか迷うところであります。もし朝鮮戦争がアメリカ帝国主義の侵略戦争であるというならば、今回の北朝鮮の砲撃、あるいは核実験は、アメリカの侵略に対する英雄的な行動となるでしょう。もし朝鮮戦争が北朝鮮の侵略だというならば、休戦協定以後の北朝鮮の今日までの行動を振り返り、北朝鮮のヨンビョン島砲撃や核開発といった点だけに限らず、日米安保体制の強化、自衛隊の戦力強化、日本人拉致被害者の奪還、そして核兵器放棄を言うべきではないでしょうか。したがって、この観点からもこの決議案は国民向けのパフォーマンスと受け取ります。

　以上のことを申し上げて、私の井上英治は決議案に反対いたします。

○山崎進議長　ほかにございますか……。

　　　　　　　　　　＊　　　　＊　　　　＊

[参考資料：民社党教宣局昭和 51 年 7 月 25 日発行「歴史を偽造する日本共産党」]

八、第 7 の嘘

八、第七の嘘——「日本共産党は結党以来一貫して自由と民主主義のためにたたかってきたのだ」

　この冊子の冒頭で、嘘の連鎖について論じ、このリンチ事件に関する共産党の弁明や反論が、巨大な嘘の体系をなしていることを指摘した。そして、この日本共産党の共同謀議になる巨大な嘘の体系に鋭く分析のメスを加えながら、この虚構をひとつひとつ崩してきたのであった。そして、これまでの各章を通じて、①「査問は静かに進められた」、②「自傷行為」、③「特異体質による急性心臓死」説、④「共産党の最高処分は除名であり、死刑ではない」、⑤「小畑はスパイだった」、⑥「復権証明書は裁判そのものの否定を意味する」といった共産党の嘘をひとつひとつ論破してきた。

　　お粗末な三段論法によるデマ

　さて、日本共産党はこうした無数の嘘の積み重ねを通じて。いよいよより大規模な歴史の偽造に着手するのである。そのひとつが、「日本共産党は結党以来、一貫して自由と民主主義のためにたたかってきたのだ」という主張である。この嘘をもっともらしく見せかけるために、日本共産党が用いる手口は次のような粗末な三段・論法である。それは、

　①戦前の日本は暗黒時代であり、治安維持法に代表される悪法の支配していた時代であった。つまり、それは悪魔の支配している時代であった。

　②この悪魔によってもっとも激しく弾圧されたのは日本共産党であった。

　③ゆえに、日本共産党は正義であり、一貫して自由と民主主義のためにたたかってきた唯一の政党なのである。

　この三段論法によるデマゴギーを成功させるために、日本共産党は戦前の日本を極端にひどく描き出すとともに、日本共産党がいかに苛烈な弾圧を受けたかを必死に強調するのである。悪魔のひどさを言えば言うほど、その凶悪な悪魔が攻撃したわが党は正義だったのだという印象をひとびとに与えることができるであろう。こうして日本共産党はリンチ事件から国民の目をそらせるために、「小林多喜二、野

呂栄太郎、岩田義道をしのぶ大集会」（二月十八日）を催したりして懸命に自分を被害者として描き出そうとするのである。

だが、この粗末な三段論法には重大なトリックが隠されている。悪魔にやられたのだからおれは正義である、悪い奴らにやられたのだからおれは正義の味方だという言い分には実は大変な飛躍があるのである。悪魔同志が争いあうこともあるし、悪人が悪人と闘い合うときだってある。ときには悪人がもっと極悪な悪人を退治することだってある。ヒトラーと闘ったのだからスターリンは正義だとは言えないし、逆にスターリンと闘ったからヒトラーは正義だとも言えないのである。つまり、悪魔にやっつけられたのだからおれは正義だという論法はなんの証明にもならないのである。

ところが共産党は世界を白黒の二色に簡単に分けるという、大変単純な世界観を持っている。白い正義と黒い不正である。まず、世界は真白な「共産主義国」と、真黒な「資本主義国」とに分けられる。そして資本主義国のなかは今度は真白な「労働者階級」と真黒な「資本家階級」あるいは真白な「左翼」と真黒な「右翼」、真白な「革新」と真黒な「保守」とに分けられる。こういう単純な二値論理で世界を割切ると話は極めて簡単になってしまう。そして、先のような、なんの証明にもならない三段論法をそのまま信じ込んでしまうということになるのである。

自由どころか公然と暴力革命を主張

だが、この共産党の論法には明確な嘘がある。まず第一に戦前の日本共産党は公然と暴力革命を主張し、武力によって政府を転覆させようと企図していたし、議会制民主主義を公然と否認していた。共産党がわが国の法秩序に挑戦し、これを暴力的に否定しようとする以上、これに対して政府が法秩序を維持しようとすることは、その限りでは当然のことであろう。日本共産党が明確にプロレタリア独裁を志向し、暴力革命を企図していた以上、これを「自由と民主主義のためのたたかい」と強弁することは許されない。もしも、戦前の暴力革命路線をもあくまで、「自由と民主主義のためのたたかい」と強弁するなら、最近の日本共産党のニュールックはまさに偽装以外のなにものでもないということになるであろう。

第二に、すでに述べたように、戦前の日本共産党は国際共産党日本支部であり、日本共産党は日本をではなく、ソ連を祖国と信じていたのである。だからこそ、先に引用したように戦前の「赤旗」は東京で行なわれる日ソ交渉についても、われわれの「祖国からの代表はソ同盟外務人民委員部極東部長同志カズロフスキー、駐日大使同志ユレーネフ……」（赤旗一九三三年六月二十六日号）というおかしなこと

になるのである。

　さて、こうなると、日本共産党は自分たちが祖国と信ずる共産主義国家ソ連の国益のために命を賭してたたかうということになるであろう。日本共産党は日本国家には一片の忠誠心をも持ち合わせていないが、共産主義国家ソ連に対しては一〇〇パーセントの忠誠心を持ち、これに無批判に盲従している。となると、日本共産党は日本の国家秘密をソ連に流そうとするであろうし、日本社会が混乱したり、日ソもし戦わば日本が敗れたりするよう工作をしようとするであろう。

　つまり、きびしい国際関係のなかで見るならば、共産主義国家ソ連を祖国と信ずる当時の日本共産党員は、日本国家にとってはスパイ、あるいは潜在的スパイ容疑者とならざるを得なかったのである。スパイの動きを探知するためにスパイが使われ、逆スパイや二重スパイが登場するのも政治力学としては止むを得なかったであろう。そして、現に共産党員によるスパイ行為事件は沢山あったし、反対に、共産党に対するスパイ工作もあった。これらは、厳しくも悲しい歴史的現実なのであった。これをあまり性急かつ単純に善玉と悪玉に分けようとしたり、「よいスパイ」と「悪いスパイ」とに分けたりしない方がよいであろう。いずれにせよ、共産主義国家ソ連を祖国と信じ、暴力革命によって日本国家の転覆を企てた当時の日本共産党が、取締りの対象となったことは、当時の内外情勢のもとでは避けられないことだったと言えるであろう。

　こう指摘すると、日本共産党はたちまち、それでは日本共産党に対する弾圧を肯定するのか否定するのか。治安維持法を肯定するのか否定するのか。戦前の暗黒時代を認めるのか否か。戦争は正しかったのか否か。イエスかノーか──と例によって白黒二色の世界図で、二者択一を迫ろうとするであろう。そして、うっかりすると、少なからず国民も、この単純論法にひっかかり易い。

（引用出典：『**歴史を偽造する日本共産党──リンチ事件をめ
ぐる９つの嘘**』昭和 51 年 7 月 25 日、民社党教宣局発行）

平成29年春号　井上　えいじ　市政レポート

井上　えいじ
市政レポート

事務所：〒344-0062春日部市粕壁東3-6-8
携　帯　090-5498-3938
メール　eiji5inoue@docomo.ne.jp
http://eiji5inoue.web.fc2.com/

自　宅：〒344-0061春日部市粕壁5646-10
　　　　TEL/FAX　048-752-2521

発行人　井　上　えいじ

井上提案が、早速実現される　！！

市民活動センター、男女推進センターの開館日が大幅拡大され、利用者サービスが高まります・・！！

　春日部市3月議会は2月20日から3月16日までの25日間行われましたが、執行部提案47議案の中に「市民活動センター条例」「男女共同参画推進センター条例」改正案が提案され、平成30年4月1日より直営から指定管理に移行されます。

　これによって市民活動センターの火曜日、男女共同参画推進センターの月曜日・休日の定休日は廃止され、休館日はそれぞれ年末年始のみと改善されます。又、貸館受付業務も両セン---とも夜9時半まで（現行は市民セ7PM、男女は5：15PM）と拡大され、利用しやすくなります。私は昨年の12月議会一般質問で「指定管理を拡大すべし」と主張。低い稼働率、職員配置から、市民セや男女セ、公民館、文化会館などを具体的に取り上げ実行を迫りましたが、これが今回一部実現したわけです。今後も問題点を取り上げてゆきます。

　3月議会での私の一般質問は、以下の他に成人式のあり方を取り上げました。

公共施設マネイジメント計画では無駄使い排除、行政の身を削るスリム化は必要・・！！

　公共施設マネイジメント計画（以下M計画）は、昨年12月15日の全員協議会で説明があり、計画目的は春日部市内の公共施設が平成39年度以降に大量の立替時期を迎えると言うことです。

　少子化で収入減になる一方、医療・介護・子育てで支出は拡大する財政状況の中で、このM計画の31年間の計画期間平均で、毎年、ハコモノ関係は34.1億円。インフラ関係は36.6億円。合計、毎年70.7億円の財源不足が生じる見込みであると言うことです。春日部市の毎年の一般会計が700億円規模であることを考えると大変な数字です。無駄遣い、行政のスリム化をやらなければ、学校や公民館の集約を図る際に市民の合意、納得は得られないと考え、M基本計画の中での土地の取扱いを質問しました。

（以下、文章省略）

おわりに

　私は資料を整理するのが下手で、断捨離などの勇気がありません。

　市議会控室には新しい資料の置場もありません。しかし、今回の出版で、意見対立しそうな事柄を中心に書き、覚えておきたい事柄を乗せましたので、幾分資料整理ができそうです。

　今回の出版で取り上げた話題は、論争相手が国政に係る事柄を取上げて来るので、憲法改正とか沖縄問題とか、国政にまつわる話が多くなってしまいました。

　しかし私自身が、市政に関係の薄い事ばっかりやって居たわけではなく、年4回発行の「井上えいじ市政レポート」での報告や市議会ホームページを見て頂ければ、市政改善提案を数多く行っており、結果も出しています。例を挙げます。

①粕壁東の東武線踏切安全改良工事の実現。
②市民活動センターや図書館への指定管理者導入の実現。これにより毎週月曜日休館がなくなり開館日が大幅に拡大。
③中央図書館の読書室（勉強室）を大幅に拡大実現。
④市立医療センター開館に併せてエスカレーターを新規導入。
⑤春日部駅西口改札前に雨宿りの為の透明の屋根設置と改修
⑥市民武道館柔道場の畳を安全畳に30年ぶりに交換実現。
⑦市議会議場に国旗（日の丸）掲揚実現。

　その他、U字構、排水構改修やカーブミラー設置などの他、市民要望ながらここに書いては支障のある事柄などを含めれば数多く実現してきましたし、実現してはいないものの「やろうとすれば直ぐやれるのにやらない」ことも数多く問題提起し、質問してきました。

　代表的な例を次に挙げます。

● 「医療センター外来ネット予約受付を開始すべきだ……」

- 「お年寄り・障碍者向けのデマンド乗合タクシーの導入をすべきだ……」
- 「都市計画道路がなかなか開通しないため草ぼうぼうの空き地を何故駐車場にして、少しでも増収を図るべきだ……」
- 「中央公民館は利用者用駐車場として約300坪を借りて毎年借地代を支払っているのに、直ぐ近くの不要となった保健センター建設用地（アシスト脇）を、なぜ空地としているのか……。
- 「商工センター跡地には観光バス発着地を……」
- 春日部駅前東西ロータリーに、春日部観光記念写真用の巨大な「クレヨンしんちゃん」像の設置。
- 「国道16号線に宿泊施設付・道の駅を……」等です。

　私が生まれ育った春日部が今後も「住みやすく魅力ある街」となるために、ご意見ご提案をお寄せ下されば有難く存じます。

　出版に当たっては、私と同じ春日部高校の同級生である知玄舎、小堀英一社長の全面的なご協力をいただきました。深く感謝いたします。

◇著者略歴

昭和 24 年	埼玉県春日部市粕壁東生まれ
昭和 37 年	春日部市立粕壁小学校卒業
昭和 40 年	春日部市立春日部中学校卒業
昭和 43 年	埼玉県立春日部高校卒業
昭和 47 年	中央大学卒業
昭和 47 年	鉄労に奉職
平成 3 年	IT 関連・BGM・カラオケ販売の（株）USENに勤務
平成 21 年	（株）USEN定年退社
平成 22 年 4 月	春日部市議会議員 初当選、現在 3 期目

◇社会活動

中央大学在学中は大学生協学生理事。

小学生時代から柔道を始め、地元、春日部市で指導。宮代柔道クラブ初代館長、武里柔道クラブ前会長、春日部柔道連盟元副会長、埼玉寝技研究会代表、講道館六段。 2008 年ベトナム国際柔道大会日本選手団女子選手コーチ。講道館全国高段者大会において 20 回出場表彰を受ける。日本マスターズ柔道大会第 1 回大会準優勝（浜松）、第 2 回大会優勝（埼玉）。自彊術初伝。自衛官元募集相談員。日本会議首都圏地方議員懇談会幹事。中央大学全国白門地方議員連盟副会長。

国を愛する地方議会づくりへ！──翔んで春日部・熱烈正論

2020 年 9 月 10 日　初版第 1 刷発行
著　者　井上 英治
発行者　小堀 英一
発行所　知玄舎
さいたま市北区奈良町 98-7（〒 331-0822）
TEL 048-662-5469 FAX 048-662-5459
http://chigensya.jp/
発売所　星雲社（共同出版社・流通責任出版社）
東京都文京区水道 1-3-30（〒 112-0005）
TEL 03-3868-3275　FAX 03-3868-6588
印刷・製本所　中央精版印刷株式会社
© Eiji Inoue 2020　Printed in Japan
ISBN978-4-434-27968-3

なぜ改憲か？──それを知りたいために、一介の凡民がすなおな
目で日本国憲法を読んで調べた結果、それは恐ろしいものだった。

憲法9条、調べたら怖い

国民主権はマスコミ誘導、
平和主義で拉致問題放置、
基本的人権を国は護れず

一言いいたい凡民委員会・素波英彦編　知玄舎

井上英治推薦、現行憲法の問題がわかる最良の書！

　憲法とはなにか？9条はなにが問題か？前文の「諸国民」とは何か？憲法9条は、調べると奥が深かった。日本国憲法の三原則──①国民主権、②平和主義、③基本的人権の尊重──これらのすべてがウソだった。日本の憲法に関わる背景を調べまとめた問題提起の書。

　「〜戦力は、これを保持しない。国の交戦権は、これを認めない」憲法9条2項の問題規定の背景には、マッカーサー草案、大日本帝国憲法、五箇条の御誓文、十七条憲法、戦時国際条例、国連憲章、世界の憲法があり、国体を表すという日本国の憲法には、天皇とは何かを理解する必要があって、その始まりを探って天皇の系図をたぐり古事記、日本書紀まで掘り下げると、卑弥呼も女性天皇、伊勢神宮の斎宮、祭祀、祭主などから、皇基という日本独自の統治システムが見えてくる。憲法を調べると、日本という国家、日本民族とは何か、新しい気づきがある。憲法を専門家に任せていないで、国民自身が自ら考えて意見を述べる必要がある時期になった今、日本の憲法に関わる背景を、学者や専門家ではない素人の凡民が、素朴に調べまとめた憲法についての問題提起の書。

知玄舎の本

POD書籍、ISBN978-4-907875-52-7（本体：1300円・税別）
電子書籍（本体：600円・税別）──絶賛発売中！